# ロールシャッハ・テスト
# 形態水準表

高橋雅春・高橋依子・西尾博行
著

Ψ 金剛出版

# 序　文

　ロールシャッハ・テストの実施と解釈においては，多くの変数が取り上げられるが，反応をスコア（コード）する時に迷いやすい変数に形態水準（形態の質）の変数がある。形態水準とは，インクブロットの特定の領域に，意味づけられた反応内容の形態が，そのブロットの領域の形態と合致する程度を示す変数である。包括システムによるロールシャッハ・テストの構築者であるExner, J.は1986年に形態水準表を発表し，1995年には形態水準表第2版（Rorschach Form Quality Pocket Guide. 2nd edition）を刊行した。同書には，各図版ごとに多くの反応内容が普通反応（o）・特殊反応（u）・マイナス反応（－）に分類され掲載してある。普通反応（o）には2％以上の出現率の反応内容とともに，補外法によって決定されたものも含まれているようである。この形態水準表をわが国に適用する時，わが国の対象者に見られない反応内容がかなり存在し，普通反応（o）として表示されている内容が，わが国の対象者に出現しなかったり，また反対に，わが国の対象者では普通反応（o）となる反応内容が記載されていなかったりする。

　そこでわれわれは，Exnerが普通反応（o）とする2％以上の出現頻度という基準によって，わが国の健常成人に関する普通反応の基準表を作成したいと考え，400人の記録を検討し，「ロールシャッハ形態水準表：包括システムのわが国への適用」（高橋・高橋・西尾，2002）として公刊した。その後も，われわれは包括システムによるロールシャッハ・テストを臨床場面のクライエントに実施しながら，健常成人の協力による資料の収集を続け，健常成人の記録が500人となった。他方，Exnerは2003年の著書「The Rorschach：A Comprehensive System」の第1巻第4版において，Ⅶ図D5の「羽根飾り」をCgからArtに変えたように，従来のいくつかの内容カテゴリーを変更している。そこでわれわれも新しいExnerの基準に従って内容カテゴリーを変える必要性を感じた。

　これとともに500人になった健常成人の反応内容を検討したところ，400

人の資料に基づく前著（高橋・高橋・西尾，2002）と出現頻度が異なり，形態水準を変えるべき内容が見出された。例えばⅠ図D2「タツノオトシゴ」と答えた者が11人と増え，Ⅱ図D1「オーストラリア」と答える者が10人となり，Ⅳ図W「雪男」と「カメ」の出現が10人となるなど，前著の特殊反応（u）を普通反応（o）に修正する必要が生じることを見出した。また当然ながら，新しい100人の健常成人の記録には，Ⅰ図Dd22「くちびる」（＞）など，特殊反応（u）とコードしてよい反応が見られたりした。さらに例えばⅢ図Wの「ネコ」のようにExnerの「ポケットガイド」にマイナス反応（－）として記載されてはいるが，これまでわが国の対象者に出現しなかった反応内容が，今回は「シロネコ」の形で出現することもあった。そこでわれわれが収集した健常成人500人の資料を再検討するとともに，紙数の関係から前著で掲載を控えた特殊反応（u）とマイナス反応（－）の項目を，より多く呈示したいと考え，本書を公刊するに至った。

　これまでわれわれがロールシャッハ・テストの変数の意味を解釈する時，解釈仮説の大部分は文化差に関係なく，同じように適用できると考えてきている。しかし既にAbel, T.（1973）が述べ，Weiner, I.（2003）もいうように，インクブロットの知覚の仕方が，文化によって影響されることは否定できない。われわれは包括システムによるロールシャッハ・テストをわが国で有効に用いられるように，わが国の健常成人に基づくさまざまな基礎資料を分析することが必要だと考えて研究を進め，その結果を「ロールシャッハ・テスト実施法」（高橋・高橋・西尾，2006）と「ロールシャッハ・テスト解釈法」（高橋・高橋・西尾，2007）として公刊した。これらの書物とともに，本書がわが国でロールシャッハ・テストを実施し解釈する人の参考になれば幸いである。

　本書の出版にあたっても，金剛出版の田中春夫氏に大変お世話になったことに心から感謝したい。

2008年12月26日

高橋雅春

## ロールシャッハ・テスト形態水準表＊目次

序　文 ………………………………………………………………… 3

## 第1章　形態水準表の作成 …………………………… 7

　1．対象者 ……………………………………………………… 9
　2．出現頻度と形態水準 …………………………………… 11
　3．文化による言葉の違い ………………………………… 15
　4．文化による反応内容の異同 …………………………… 17
　5．反応内容の分類 ………………………………………… 20
　6．形態水準表の構成 ……………………………………… 22

## 第2章　形態水準表 ……………………………………… 29

　形態水準表の用い方 ……………………………………… 31
　Ⅰ図 ……………………………………………………………… 35
　Ⅱ図 ……………………………………………………………… 42
　Ⅲ図 ……………………………………………………………… 50
　Ⅳ図 ……………………………………………………………… 58
　Ⅴ図 ……………………………………………………………… 65
　Ⅵ図 ……………………………………………………………… 71
　Ⅶ図 ……………………………………………………………… 79
　Ⅷ図 ……………………………………………………………… 87

Ⅸ図 …………………………………………………………… 96
Ⅹ図 …………………………………………………………… 106

## 第3章　出現頻度の高い内容 …………………………… 117

Ⅰ図 …………………………………………………………… 119
Ⅱ図 …………………………………………………………… 120
Ⅲ図 …………………………………………………………… 121
Ⅳ図 …………………………………………………………… 122
Ⅴ図 …………………………………………………………… 123
Ⅵ図 …………………………………………………………… 124
Ⅶ図 …………………………………………………………… 125
Ⅷ図 …………………………………………………………… 126
Ⅸ図 …………………………………………………………… 127
Ⅹ図 …………………………………………………………… 127

## 第4章　主要内容コード一覧表 ………………………… 129

主要内容コード一覧表 ……………………………………… 132

主要参考文献 ………………………………………………………… 147

# 第1章　形態水準表の作成

## 1．対象者

　包括システムによるロールシャッハ・テストの形態水準（形態の質）に関しては，かつて Exner, J.（1986）が 7,500 人（健常成人，統合失調症でない外来患者，統合失調症やその他の精神病でない入院患者各 2,500 人）の反応を基準にしたリストをあげている。これは The Rorschach：A Comprehensive System Vol.1: Basic Foundations〔高橋雅春・高橋依子・田中富士夫監訳　現代ロールシャッハ・テスト体系（上）〕の中にも掲載されている。その後 Exner は，序文で述べたように，形態水準の基準となる Rorschach Form Quality Pocket Guide（1993）を作成し，1995 年に第 2 版（2nd edition）を公刊している。彼は「ポケットガイド」を作成するために，健常成人 3,200 人（96,769 反応），統合失調症でない外来患者 3,500 人（81,107 反応），統合失調症でない入院患者 2,800 人（58,604 反応）からなる 9,500 人（209,480 反応）を基礎資料としている。そして彼の「ポケットガイド」には，普通反応（ o ）が 1,011 項目（21 ％），特殊反応（ u ）が 2,176 項目（43 ％），マイナス反応（－）が 1,831 項目（36 ％）と，全部で 5,018 項目が記載されている。わが国では，これを中村紀子・津川律子・店網永美子・丸山香が翻訳し，「ロールシャッハ形態水準ポケットガイド（第 2 版）」（1999）として公刊している。

　しかしわれわれの形態水準表は，健常成人のみに基づいている点が，Exner のリストと異なっている。すなわちわれわれ 3 人が 1990 年から 1994 年に，包括システムによるロールシャッハ・テストで収集した健常成人 220 人（男女各 110 人）（高橋・西尾，1994）に，1995 年から 2001 年の間に実施し収集した健常成人 180 人（男女各 90 人）を加えた計 400 人のプロトコルに基づき 2002 年に出版したのが，前著「ロールシャッハ形態水準表：包括システムのわが国への適用」（高橋・高橋・西尾，2002）である。今回の形態水準表はさらにその後，収集した健常成人 100 人（男女各 50 人）の資

料を加えた健常成人 500 人の資料に基づいている。

　したがって本書の資料は，これまでに精神障害に罹患したことがなく，テスト時に健康な生活を送っている成人によっており，すべて無報酬で行った。20 歳〜 25 歳の健常成人の多くは大学生と大学院生である。26 歳以上の者は，われわれの友人や知人と，その紹介によるボランティア（無報酬）であり，居住地のほとんどは近畿地方であるが，関東・中部・中国・四国・九州の居住者も一部含んでいる。年齢と性別は次の通りである。したがって本書で出現率について述べてある数値は，1990 年から 2007 年に収集した健常成人 500 人によるものである。

| 対象者数 | 平均年齢 | 標準偏差 | 中央値 | 最小値 | 最大値 |
| --- | --- | --- | --- | --- | --- |
| 500 人 | 34.28 | 12.88 | 31 | 20 | 69 |
| 男性 250 人 | 33.44 | 13.41 | 27 | 20 | 69 |
| 女性 250 人 | 35.13 | 12.30 | 37 | 20 | 69 |

　序文で述べたように Exner は 2003 年に内容のシンボルの基準をいくつか変えたので，われわれはかねて前著（高橋・高橋・西尾，2002）を修正したいと考えていた。さらに今回，われわれが収集してきた健常成人数の増加により，前著の反応内容と異なる内容が出現したり，出現頻度に基づき形態水準が変化する内容がいくつか見られた。これらのことから今回，前著を改訂するに至ったが，同時に前著では特殊反応（u）とマイナス反応（−）の記載が少なかったことを配慮し，とくに特殊反応（u）の記載を増やすことにした。なおマイナス反応（−）については，われわれが有している 220 人を越える統合失調症者の記録を参照にすることも望ましいと思われるが，本書のマイナス反応（−）は，それに基づかず健常成人 500 人のみの資料によって掲載している。

## 2．出現頻度と形態水準

　人びとがインクブロットを見て知覚した対象の形態と，インクブロット自体のもつ形態との合致度を表す形態水準については，Rorschach, H.（1921）以来さまざまな考え方があり，ロールシャッハ・テストの中でも，形態水準はとくに議論の多い変数である。われわれは健常成人が知覚した対象の形態とインクブロット領域の形態の一致度は，基本的に Beck, S.（1949），そして Exner たちが考えたように，多くの健常成人がインクブロットを見て，実際に知覚した対象の出現頻度という基準が客観的だと考えている。

　われわれは現在，包括システムによってロールシャッハ・テストを実施しているので，Exner の考え方をまず述べたい。彼はその著書（Exner, 2000；2003）でも，彼の「ポケットガイド」の形態水準にふれ，「この形態水準表は 5,018 の項目からなり，普通（o），特殊（u），マイナス（−）に分類してある。……全体反応（W）と一般部分反応（D）の形態水準を普通反応（o）とする基準は，その項目が 9,500 人のプロトコル中，少なくとも 2 ％（190 人）に答えられ，ブロットに輪郭線が存在していて，輪郭がその対象の形と合理的に合致したものである。特殊部分反応（Dd）の普通反応（o）の基準は，少なくとも 50 のプロトコルがその領域を用いていて，その領域への反応の 3 分の 2 以上の頻度で答えられたものである」と述べている。また特殊反応（u）は，出現頻度が 2 ％に達していないものであるが，「o も u もブロットは適切に使われている。u と分類した反応は明らかに o より多く，2 倍以上である。……」と述べているだけであり，u とマイナス反応を区別する基準は明確でない。したがって特殊反応（u）を決定するには，かつて Exner（1993）が「特殊反応（u）はその領域への答が対象者の 2 ％に達しないが，別個に判定した少なくとも 3 人の判定者が，その答えられた対象を容易かつ迅速に見ることができて，その答が用いられているインクブロットの輪郭に合致しているもの」と述べた方法によらざるを得ない。われ

われも Exner の見解に従い，Beck に基づく Exner の領域図による本書の形態水準表を作成したが，彼の「ポケットガイド」の基準と異なるところを次に述べておきたい。

　Exner は対象の形態水準を普通反応（o）として形態水準表に掲載する時，2％以上という出現頻度だけではなく，インクブロットに輪郭線が存在するという基準を付加している。そして彼の形態水準表で，X図 DdS22 の「人の顔」をマイナス反応（－）としているのは，対象者が存在しない輪郭線を作っているという理由をあげている。しかし出現頻度にかかわらず，輪郭線の存在を問題にするのなら，Ⅶ図 DS7 の「鉢」「塔」「帽子」や DS10 の「マッシュルーム」「ランプのかさ」などに，彼が普通反応（o）とした反応も，インクブロットに存在しない輪郭線を知覚しているのでマイナスとしなければ，一貫性を欠くことになろう。このような点からわれわれは，インクブロットの領域に輪郭線がなくても，そこに意味づけられた反応内容が2％以上出現すれば，これを普通反応（o）とすることにした。ちなみに今回のわが国の健常成人500人の資料で，X図 DdS22 の領域を「人の顔」と答える者は124人，24.8％に見られ，われわれのいう C（6人に1人の出現率）に該当するほどの頻度である。このような点から見て，Exner は反応内容の形態水準を普通反応（o）と決定するにあたっては，純粋に出現頻度だけではなく，輪郭線を考慮し，さらに対象者の知覚した対象の形態（輪郭）とインクブロットの形態（輪郭）の合致度も配慮しているようである。

　ところで知覚の正確さや歪曲を表す形態水準を決定する基準をあえて分類すれば，2つの立場に分けられる。すなわち，①Rorschach や Beck らのように，ある概念の形態（輪郭）とインクブロットの形態（輪郭）の合致度は，健常者の大多数がそのように知覚するという客観的基準，すなわち実際の出現頻度による立場と，②Klopfer, B.（1954）のように，検査者が理論的に考え合理的と判断した基準による立場とである。この2つの立場は通常合致するが，検査者が合理的と判断する基準も，実際の出現頻度を基礎とせざるを得ないというのが，われわれの考えである。しかしわれわれと異なり Exner

は前述のように，多くの健常者が答える反応であっても，輪郭線のない領域を意味づけた反応は，時には，良好な形態水準でないというなど，理論的な判断を加えている。例えば前述のX図DdS22の「顔」を普通反応（o）でなくマイナス反応（−）とコードしているが，別に彼はⅡ図・Ⅲ図・X図Wの「顔」，Ⅱ図・Ⅲ図・Ⅷ図Wの「解剖反応」，Ⅳ図・Ⅴ図Wの「カニ」，Ⅶ図Wの「こわれたクッキーやクラッカー」などもマイナス反応（−）とコードし，これらはいちじるしい歪曲ではなく，中度の歪曲であると述べている（Exner, 2000）。

わが国の健常成人を対象としたわれわれの資料では，上記の中，Ⅱ図・Ⅲ図・X図の「顔」とⅧ図Wの「解剖図」とⅦ図Wの「クッキーやクラッカー」はいずれも2％以上の出現率であり，われわれは，これらを普通反応（o）として記載している。ただしわれわれ3人はいずれも，この中のⅢ図Wを「顔」と知覚するのはきわめて困難である。したがってこれを普通反応（o）とすることにためらいがあるが，出現率が形態の一致度を表すという立場から普通反応（o）とせざるを得ないと考えている。さらにまたわれわれの健常成人の資料において，Ⅱ図D3領域を「カブトガニ」と答える者は16人（3.2％）である。しかし「カブトガニ」の尾は1本であるのに，D3領域には突起部分（Dd25）が2本あり，「カブトガニ」の形態を歪めている。したがって理論的に考えると，この領域の「カブトガニ」はマイナス反応（−）となるが，出現頻度を基準とする時，普通反応（o）とコードせざるを得ない。こうしたことから，マイナス反応（−）でも形態の歪みが中程度の反応があるというExnerの言葉を借りて，われわれは「同じ普通反応（o）でも形態がやや歪められた反応がある」と考え，解釈にあたってこの点を配慮すればよいと考えている。さらに例えばⅦ図Wを反対に見て「人間1人」と答える内容（多くは空白部を無視して，D6を顔，Dd21を手，D9をスカート，D1を足と見ている）は，われわれ3人にはマイナス反応（−）と思えるが，出現頻度が1％以上あるので特殊反応（u）としている（本書では出現頻度の高いuと表示している）。これも上述のように「出現頻

度が高い特殊反応でも，形態の歪みのある内容がある」ことを考え，解釈において配慮すべきである。

またExnerは特殊部分反応（Dd）の普通反応（o）については，既述のように1986年の「7,500人中，少なくとも50人がその領域を意味づけ，その対象者の3分の2以上が答えた反応」という基準を，1995年の9,500人のプロトコルの場合にも適用している。これはDdの出現率がWやDよりも低いこともあって，Ddの形態水準の基準をWやDの基準と変えたのであろう。しかしわれわれは，基準は一定であるべきだと考えて，今回のわれわれの形態水準表では，Exnerの基準によらず，Dd領域についてもWやDの領域と同じように，2％以上の出現率としたので，Exnerとは異なっている。したがって，われわれの形態水準表におけるDdの形態水準を，Exnerの形態水準表と比較する時は，基準が異なることに留意されたい。

さらにExnerは特殊部分反応（Dd）の中で，比較的よく出現する領域のDdには領域番号を与え，それに該当しないDd領域の番号をすべてDd99（領域が特定されていない特殊部分反応）としている。しかしわれわれの資料を検討すると，ExnerのいうDd99領域の中に，わが国の健常成人にかなり多く出現するDd領域があり，それを単にDd99とコードするよりも領域番号を与えた方が，このテストを用いる研究者や臨床家のコミュニケーションに役立つだろうと考えた（高橋・高橋・西尾，2006）。例えばⅠ図の上部3分の1を「コウモリ」「チョウ」，Ⅲ図下方を区切った「カニ」「カエル」「昆虫」など，Ⅵ図D1中央の色彩がやや薄くなった所を「果物の断面」，Ⅹ図のD1領域とD12領域を結合して「シオマネキというカニ」などと答える者は2％以上の出現率である。そこでわれわれは日本人に多く出現するDd99領域に，領域図に示したようにDd40番台の番号を与えることにした。これらは包括システムで取り扱うDdとしての領域であり，包括システムの領域の概念に変更を加えたものではない。Dの領域番号とともにDdの領域番号は，「第2章　形態水準表」の各図の初めに示してある。

なおロールシャッハ・テストの反応内容は多彩であり，本書では前著より

も形態水準の特殊反応（u）とマイナス反応（−）の内容の数を増やしたが，そのすべてを掲載してはいない。ただし特殊反応（u）については，2％（10人）に達しないので普通反応（o）とならない反応内容で，500人中5人（1％）以上の出現率の反応内容はすべて採用してあり，それ以外のuもかなり掲載した。また「ポケットガイド」に記載されている反応内容と同じか類似したものは，すべて掲載したので，「ポケットガイド」に記載された反応内容で，本書に記載されていないものは，わが国の健常成人に出現しなかった内容である。さらに既述のように，「ポケットガイド」の資料は健常成人以外に，統合失調症でない外来患者，統合失調症やその他の精神病でない入院患者の資料が含まれているが，われわれの対象者は健常成人のみであることにも留意されたい。例えば「ポケットガイド」には，Ⅱ図D2のuとして「口紅の跡」の内容が掲載されている。われわれの資料では，健常成人500人にⅡ図D2を「口紅」や「口紅の跡」と答える者は見られないので記載していない。しかし，うつ病の外来患者のわれわれの資料の中の1人は「口紅の跡」と答えているなど，統合失調症以外の精神障害者の資料や，今後健常成人の資料を増やすことで，出現する内容があるかもしれない。

## 3．文化による言葉の違い

ところで特定の内包をもつ英語の言葉と，それに対応するような日本語の言葉の内包は，必ずしも合致しない。言語心理学を待つまでもなく，言葉は文化の産物であり，ある国に存在する言葉（概念）が他の国に存在しない場合もあれば，一見，同じ意味を内包する言葉のようであっても，言葉の持つ意味のニュアンスが異なることは多い。わが国では米の品種を細分化して名付け，同じ魚でも成長するにつれて異なる名前で呼んだりするが，これらを英語では日本語ほど細分化しないように，ある文化において別個の言葉を用いて区別している対象を，他の文化では区別しないで同じ言葉で呼んだり，言葉で取り上げないことがある。われわれが本書で，日本人の反応内容の形

態水準を取り上げる時，Exner の「ポケットガイド」と訳書を参考にしたが，この問題に出会うことが多く，次にその一部を述べる。

　われわれ日本人が動物の「皮」について話す時，「なめし皮」の言葉も用いるが，通常，単に「毛皮」「皮」といい，ロールシャッハ・テストでの反応でも，「毛皮」「皮」と答えられることが多い。しかし「ポケットガイド」を見ると分かるように，アメリカでは「皮」が，fur, hide, leather, pelt, skin などと区別されている。またわれわれも必要な場合，類人猿とニホンザルを区別するが，日常生活では両者を単に「サル」と呼び，ape と monkey のような明確な区別をしてはいない。さらにわれわれは日常の言葉として，「手」と「腕」，「足」と「肢」を区別して用いないが，アメリカでは arm と hand, foot と leg を厳密に言葉で区別している。またわれわれ日本人は，動物の「クマ」や昆虫の「カマキリ」の頭部も，「人間」の頭部と同じように「顔」や「頭」というが，英語では動物や昆虫の face とはいわず head と呼ぶし，日本人のようにネコの「手」とはいわず「前足」(paw) というのが普通である。さらにわれわれは「昆虫」と「虫」を意識して区別することはなく，「昆虫」や「イモムシ」や「ミノムシ」などをまとめて「虫」ということが多いが，「ポケットガイド」では，bug と insect, caterpillar と worm を明確に区別している。したがって bug や worm の言葉を単に「虫」と訳すと意味が異なってきたりする。また「ポケットガイド」によるとⅨ図 D3 の shrimp はマイナス反応（−），lobster は特殊反応（u）と記載されている。われわれが収集したわが国の健常成人でロブスターと答えた者はいないが（今後出現する可能性はあるが），「エビ」と答える者は 14 人で 2％以上となり，普通反応（o）とコードされる。なお「イセエビ」と答える者は 3 人であるが，補外法により〔(o)〕として示した。さらに英語の monster の意味とわが国の健常成人がよく答える「怪獣」や，ロールシャッハ・テストで答えられる日本語の「怪人」「幽霊」「怪物」の関係など，日本語と英語の言葉を機械的に翻訳して比較することはできない。

## 4．文化による反応内容の異同

　かつて高橋（2003）は，健常成人400人を基にした前著「ロールシャッハ形態水準表」（高橋・高橋・西尾，2002）に記載された反応内容と，Exnerの「ポケットガイド」に記載されたすべての反応内容を比較し，日本人とアメリカ人の反応内容には，類似したものが多いと報告しながらも，文化差により異なる反応内容の存在を述べている。本書では，日本人とアメリカ人でまったく異なる反応内容を例示するために，Ⅰ図の全体反応（W）の反応内容のみを取り上げ，「ポケットガイド」に記載されている277項目と，今回われわれが収集した500人の健常成人の全体反応（W）の内容を比較したところ，次のようなことが明らかになった。

### （1）わが国の健常成人が答えないⅠ図Wの普通反応

　「ポケットガイド」でⅠ図にoとして示された反応内容は44項目であるが，その中の12項目はわが国の健常成人には出現していない。この12項目は，「頭飾り（Headdress）（∨）（o）」「海の動物（D2またはDd34をヒレ状の前脚とする）（Sea Animal：With D2 or Dd34 as Flappers）」「オペラ歌手（2人または3人）（Opera Singers：2 or 3）」「飾り（Ornament）」「記章（Badge）」「シャンデリア（Chandelier）（∨）」「頭蓋骨（Skull）」「彫像（2体または3体）（Statues：2 or 3）」「椎間板（Disc：Anatomy）」「トーテム（翼がある）（Totem：Winged）」「噴水（Foutain）（∨）」「レントゲン写真（胸部の）（X-ray：Chest）」である〔日本訳は原則として中村紀子らの訳書（1999）により，原語はExnerのものである〕。

### （2）わが国の健常成人が答えないⅠ図Wの特殊反応

　「ポケットガイド」のⅠ図にuとして示された反応内容は89項目であり，その半分以上の48項目はわが国の健常成人に出現していない。48項目は，

「見晴し台（Gazebo）（∨）」「アヒル（Duck）」「アメーバ（Amoeba）」「石（彫刻された）（Stone：Carved）」「丘（Hill）（∨）」「汚物（Dirt）」「ロボットの顔（Face, Robot）」「化石（Fossil）」「カタマラン（正面から見た）（Catamaran：Front View）（∨）」「魔女の顔（Face, Witch）」「花瓶（Vase）」「カ（Mosquito）」「髪（セットされた）（Hair：Styled）（∨）」「霧（Fog）」「毛皮（部分）（Fur：Piece）」「毛羽（部分）（Fuzz：Piece）」「ケープ（Cape）」「漕ぎ手（船に乗った）（Rower：in Boat）」「サーカスのテント（Circus Tent）（∨）」「サンゴ（Coral）」「石炭（Coal）」「中国風の建物（Chinese House）（∨）」「抽象的なもの（Abstract）」「壺（Urn）」「デザイン（Design）」「天体観測窓（Astrodome）（∨）」「テント（Tent）（∨）」「洞窟（正面から見た）（Cave：Front View）」「ドーム（Dome）」「泥（Mud）」「脳（断面）（Brain：Cross Section）」「ノミ（Flea）」「ハエ（Fly）」「橋（自然の）（Bridge：Natural）」「ボウル（持ち手のついた）（Bowl：with Handles）」「ふいご（Bellows）（∨）」「ブヨ（Gnat）」「帽子（スノーキャップ）（Cap：Snow）」「ボール盤（Drill Press）（∨）」「ほこり（Dust：Speck）」「骨（骨格）（Bone：Skeletal）」「マント（Cloak）」「メドゥーサ（Medusa）」「燃えかす（Cinder）」「盾型の紋章（Coat of Arms）」「リス（飛んでいる）（Squirrel：Flying）」「列車（D4が列車で橋を渡っている）（Train：As D4 Crossing a Trestle）」「ロボット（Robot）」である。

　なおわが国の言葉と比較して興味深いのは，Exnerの「ポケットガイド」では，uの項目として「ミツバチ（Bee）」と「スズメバチ（Wasp）」，「Abstract（抽象的なもの）」と「抽象画（Art：Abstract）」，「有人宇宙船（Spaceship）」と「無人宇宙船（Rocketship）」，「ケープ（Cape）」と「マント（Cloak）」，「汚物（Dirt）」と「ほこり（Dust：Speck）」などが区別して表示されていることである。

### （3）わが国の健常成人も答えるⅠ図Ｗのマイナス反応

　このように「ポケットガイド」のoとuにコードされる反応内容を見る時，

日米間の文化差に基づく生活空間や言語の違いの影響に気づく。さらに「ポケットガイド」でマイナス反応（−）とコードされる項目は，当然のことながら，oやuよりもわが国に出現しない反応内容が多くなる。Exnerの「ポケットガイド」にマイナス反応として示された反応内容は144項目であり，「アリクイ（Anteater）」「いかり（Anchor）」「印刷機（Printing Press）」「オーストラリア（Australia）」「そろばん（Abacus）」など，わが国の健常成人に出現しない反応内容は130項目（90.3％）の多さである。したがって前記の普通反応と特殊反応の場合と異なり，ここではわが国の健常成人にも同じように出現するマイナス反応を示したい。「ポケットガイド」のマイナス反応の内容のうち，次の14項目はわが国の健常成人の記録にも見出された。

　すなわち「笑顔（Smile）」「カエル（Frog）」「アリの頭（Face, Ant）」「特定の昆虫の顔（Face, Insect：Specified）」「人間の顔（Face, Human）」「ヤギの顔（Face, Goat）」「魚の顔（Face, Fish）」「木（Tree）」「クモ（Spider）」「昆虫（羽がない）（Insect：not Winged）」「地図（特定）（Map：Specified）」「中国風の美術品（Chinese Art）」「虫（羽がない）（Bug：Unspecified, not Winged）」「妖精たち（Elves）」である。

　この中の「中国風の美術品」は同じ表現では出現していないが，健常成人の1人が∨の位置で「香炉」を答えたので，類似した内容として示した。さらにこの中の「笑顔」と「ヤギの顔」をExnerは−と記載しているが，わが国の対象者はどの図版にも「人（動物）の顔」を知覚する傾向が強く，Ⅰ図Wを「人の顔」と見る者は6人あり，われわれは「笑顔」を−ではなくuとしている。さらに「ヤギの顔」は，第3章にも記載しているように，「動物の顔」としてoとしている。また「妖精たち」に関し，わが国の対象者は「妖精2人」や「天使2人」と答える者を合わせると6人になり，「人間2人」からの補外法によって普通反応（o）とコードしている。したがってⅠ図Wについて，「ポケットガイド」でマイナスとされた形態水準の反応内容と，わが国でマイナスとなる形態水準の反応内容が一致するのは10項

目と少なくなる。

　これは既述のようにマイナス反応の性質から当然のことであり，反応内容や形態水準について文化差を考慮する必要性を物語っている。また第2章の形態水準表にはuと－のすべてを記載していないし，われわれが有している統合失調症者や他の精神障害者のマイナス反応を記載していないが，健常成人に見られたⅠ図Wのマイナス反応を見ると，「エイ」「カメムシ」「ムシバキンの顔」「子宮」など，アメリカ人のマイナス反応とはかなり異なっている。

　このように「ポケットガイド」に掲載されたⅠ図Wの普通反応のうち，わが国の健常成人にも見られる項目は 32/44（72.7％）とかなり高いが，特殊反応でわが国にも見られる項目は 40/89（44.9％）とかなり低い。そして当然ながら，わが国の健常成人にも見られるマイナス反応は 14/144（9.7％）といちじるしく低く，日米間の文化差が示されている。

## 5．反応内容の分類

　形態水準表の作成にあたっては，ある領域に知覚された反応内容をどのように分類するかは大きな問題であり，分類法によって出現頻度が異なり，2％以上の普通反応（o）となったり，2％未満で特殊反応（u）となったりする。例えば Exner の「ポケットガイド」では通常，「悪魔」「こびと」「妖精」などを別個に記載しているが，Ⅲ図など図版によっては，これらを「人間類似のもの」として大きくまとめ，説明として「悪魔，こびと，妖精などを含む」と述べてある。Ⅷ図D1の動物も同じように，他の図版や領域では個別に記載されている動物をまとめ「動物（4本足で輪郭が一致するもの。これは有史以前の動物を含め，広範囲の動物を含む。最もよく答えられるのは，イヌ，オオカミ，オポッサム，クマ，タヌキ，ネコ，ネズミ，ハツカネズミ，ホリネズミ，ライオンなどである。ウマ，カンガルー，キリン，

ゾウなどの輪郭に合致しない4本足の動物はマイナス反応（－）とコードする）」と記載してある。またⅠ図Wで，Exnerは鳥類を「鳥（o）」「カラス（o）」「ワシ（o）」と分類し，「鳥」と「カラス」と「ワシ」を別個に記載してある。さらに図版によって彼は「ネズミ」や「リス」と「げっ歯類」，「カメレオン」や「トカゲ」と「は虫類」というような分類も用いている。したがって「ポケットガイド」のⅠ図Wで，「ガ」「チョウ」はいずれも普通反応（o）であり，これと別に「昆虫（羽がある）」「虫（羽がある）」を普通反応（o）とし，「昆虫（羽のない）」「虫（羽のない）」をマイナス反応（－）とコードしている。これらは対象者の反応の出現頻度の結果と思われるが，個々の反応をどのように統合して分類するかは形態水準表の作成において問題となる点である。

　われわれは，ある領域に答えられた反応内容を，修飾語を除いて基本概念にまとめることを原則としている。例えば「コウモリ」「襲ってくるこわそうなコウモリ」「目が4つあるコウモリ」は別個に分類できるし，その方が臨床場面で役立つことが多いともいえる。しかし本書では，修飾された言葉を除いた「コウモリ」という基本概念にまとめてある。したがって「葉」に「枯葉」や「葉」を含むべきであるが，Ⅰ図では，Wを「葉（アサガオ・カエデ・葉など）」を答えた者は10人，「枯葉（枯葉・落ち葉以外にアサガオの枯葉など）」を答えた者は13人見られ，いずれも2％以上の出現頻度で普通反応となるので，「葉」と「枯葉」を「葉」という基本概念にまとめないで，両者を別個に掲載し普通反応（o）と表示している。さらに同じ「葉」でも「アサガオ」「イチョウ」「ヤツデ」の葉を同じ「葉」に分類するか，形態が異なるので別個に表示するかなど，さまざまな問題がある。したがってわれわれも反応内容の出現頻度を検討しながら分類せざるを得なかった。このため全図版を通して一貫した分類ができなかったのは，Exnerの「ポケットガイド」と同じである。

## 6．形態水準表の構成

　第2章の形態水準表には，500人の健常成人の資料に基づき，WとDの領域と，領域番号のついているDd（Dd99を除いたDd）の領域への反応内容を検討した結果を，普通反応（o）と，いくつかの特殊反応（u）とマイナス反応（－）に分類して掲載した。紙数の関係上，特殊反応（u）とマイナス反応（－）のすべての内容をあげることはできないので，この選択は任意に行った。しかしわが国の健常成人の1％（今回の資料では5人）以上が答えた内容が特殊反応（u）である場合，頻度の高い特殊反応（u）としてすべて掲載してある。なお既述のように，「ポケットガイド」に記載されている反応内容と同じか類似した内容が出現した場合はすべて掲載した。形態水準表にあげた反応内容の順序は各図版ごとに，反応内容のシンボル〔H，Hd，(H)，(Hd)，Hx，A，Ad，(A)，(Ad)，Anなど〕ごとに五十音順で記載した。本書は序文で述べたように，Exner（2003）が改訂した内容シンボルの基準に従っている。さらに反応内容のシンボルには，日本人に多く出現する仮面（Ma）と音楽（Mu）のシンボルを含んでいる（高橋・高橋・西尾，2006）。なお内容が2つ以上のコードを必要とする場合は，一次的内容や主な内容を反応内容として示した。例えば「釈迦：H, Ay」をH，「人形：H, Art」をH，「動物の（毛皮の）じゅうたん：Ad, Hh」をAd，「火の上の鍋の中のエビ：Fi, Hh, A」をFiとするなどである。

　またこの形態水準表は，既述のように反応内容を基本概念にまとめることを原則としている。例えば「男性」「女性」「子ども」「おじいさん」「踊り子」「衛兵」などを「人間」に，「こわそうなコウモリ」「目が4つあるコウモリ」などを「コウモリ」というように基本概念にまとめてある。

　包括システムのコード化で用いる形態水準のコードはo（きわめて詳細に推敲された場合＋となる可能性がある）かuか－である。ただし出現頻度を重視して作成した今回の形態水準表では，oやuについて，次のような記号

を用いているが，実際のコード化においては，単にoあるいはuとコードすればよい。

次に普通反応の表示をo，→o，(o)に，特殊反応の表示を<u>u</u>とuに分類した根拠について簡単に説明する。

### (1) 普通反応 (o)

この形態水準表によって，対象者の反応内容を普通反応 (o) とコード化するのは，反応内容の前に表示されたo，→o，(o)の3種類であり，実際のコード化においては，いずれもoと記号化する。

(ⅰ) o

普通反応のうち，単にoと表示された内容は，WとDとDd (Dd99は特定の領域ではないので除く)の領域に対し，健常成人500人の中で2％ (10人)以上の者が，同じ反応内容を答えた場合である。

ロールシャッハ・テストでの対象者の知覚の仕方はさまざまであり，例えばⅠ図D4を知覚し「人間」と答えた場合と，D4の「人間」と左右D2の「人間」を統合しWとして「3人の踊り」と答える場合がある。この場合，D4の「人間」の出現数をD4だけで検討するのか，Wに統合されたD4の「人間」の出現数もまとめて出現率を調べるのかの問題が生じる。われわれが単にoと表示するのは，1つの領域に対し同じ反応内容が2％以上の場合である。

今回の資料では例えばⅠ図D4だけを「人間」と答えた者は43人 (8.6％)であり，Wに統合されたD4の「人間」は7人が答えている。D4の「人間」の前に表示されたoは，Wに統合されたD4の出現率を挿入せずに計算した結果である。同じようにⅢ図D2「タツノオトシゴ」は21人が，Ⅲ図D3「チョウ」は47人が答えており，同じ内容が4.2％，9.4％と2％以上の出現率であるので，oと表示されている。

(ⅱ) →o

形態水準表に→oと表示した内容は次のような反応であり，実際のコード

化においてはoとコードする。
① 前記のD4の「人間」は出現頻度が2％以上でoと表示したが，この領域の一部であるD1のみを意味づけて「手」と答える者は3人で2％に達していないので，特殊反応に該当する。しかしD4を人間と見る対象者は，質問段階でD1を「手」と言語化することが多く，「手」という対象とD1領域の形態は合致しているので，D1を「手」と答えるのは普通反応と考えられ，→oと表示した。なお，この反応は「ポケットガイド」でもoとされている。

　また Ⅲ 図D9の「人間」の出現率は2％以上であり，形態水準はoと表示されている。そして女性と答える者の多くは，質問段階で「乳房（Dd27）があるから女性」と説明する。しかしDd27だけを単独に「乳房」と意味づけて答える健常成人は，現段階ではまったく見られないので，水準表には記載していない。なお「ポケットガイド」には，これがoとして掲載されている。今後，わが国の対象者がDd27だけを選んで「乳房」と答えた場合は，出現頻度が2％に達していなくても，Ⅰ図D1「手」やⅡ図D2「帽子」と同じように→oと表示され，oと記号化される。

② 前述のようにⅠ図Wを「人間3人」と答える者は2％に達していないが，Wを構成するD4とD2を「人間」と答える者は，それぞれ2％以上の出現率であり，いずれも数量的に見てoと表示されている。したがってWの「人間3人」は，それを構成する領域がoに該当するD2とD4であるので，普通反応と考えられ，このような場合も→oと表示している。

③ Ⅱ図D4だけを知覚して「宮殿などの建物」と答える者は2％に達しないので，数量的に決定されたoとはならない。しかしDS5の空白領域と関連づけ「広場や道と宮殿」，D6を「森」と意味づけて「森の向こうにある城」などの「建物」を合算するとD4の「建物」の出現率は2％を越える。このように，ある領域に言及された反応の出現率が，他の領域との関連で2％を越えた場合も，→oと表示している。

④ ある領域に対象の全体，その領域の一部に対象の一部を使い，いずれの出

現率も2％に達しないが，両者を合算すると2％になるような反応は，どちらも→oとした。例えばⅤ図D7を「カタツムリ・ナメクジ」と答える者は3人，D6を「カタツムリ・ナメクジの頭」と答える者は8人であり，いずれもoといえないが合算すると2％以上となるので，両者は→oと表示している。

⑤例えばⅡ図D6「イヌ2匹」は25人が答えoと表示されるが，D1のみを「イヌ1匹」と見る者は6人であり，D1のみを取り上げると→oであるが，本書ではD6の「イヌ」に合算してoと表示してある。同じことはⅩ図D4とD10にも見られ，D10に「アオムシ2匹」と答えた者と，D4に「アオムシ1匹」を答えた者を合算し，どちらにもoと表示してある。

⑥同じ領域に異なる対象を知覚するが，基礎概念として両者の形態が類似していて，一方が2％以上の出現率でoと表示され，他方が2％以下の出現率の場合は他方を→oと表示してある。例えばⅠ図W「骨盤」は2％以上の出現率でoであり，Wの「骨盤のレントゲン写真」は1％の出現率でoとならないが，→oと表示してある。Ⅲ図D7の「骨盤」と「骨盤のレントゲン写真」も同じである。

⑦同じ領域に異なる対象を知覚し，どちらの出現率も2％以下であるが，両者の基礎概念がきわめて類似し，両者を合算すると2％以上の出現率となる場合，いずれも→oと表示している。例えばⅥ図Wで「カメ」と答える者は8人，「スッポン」と答える者は2人であり，どちらもoとならない。しかし「カメ」と「スッポン」は基礎概念も形態もきわめて類似し，両者を合算すれば2％の出現率となるので，どちらも→oと表示してある。

（ⅲ）（o）

形態水準表に表示された（o）は，補外法によって普通反応とされる反応内容であり，実際のコード化においては単にoとコードする。補外法とは，2％以上の出現率を中心として定めた普通反応（o）の形態との類似性に重点をおいている。

① 対象者の答えた反応内容が，2％以上の出現率でoと表示された他の概念に類似し，両者の形態がほとんど合致している概念は，補外法によって（o）と表示してある。例えばI図W「チョウ」は138人，「ガ」は87人に出現し，いずれもoとコードされているが，Wの領域を「モスラ」と答える者は1人のみである。しかし「モスラ」は「チョウ」「ガ」と形態が類似し，補外法として（o）と表示している。またI図Wを「人間1人」と「悪魔・魔女など否定的なイメージが強い想像された人物1人」を答える者は，いずれも2％以上の出現率であり，oと表示される。他方，「天使・女神・妖精など肯定的なイメージが強い想像された人物1人」を答える者は1.8％の出現率であり，機械的に計算すれば普通反応ではない。しかし「天使・女神・妖精など」も「人間」や「悪魔・魔女」などと形態が類似していることから，補外法によって（o）と記載している。またI図Wを「魔術師（マジシャン）」と答える者は1人であり，これを「人間1人」に含めてもよいが，特異な反応として別掲した。これも補外法からの普通反応に該当するので（o）と表示している。

② 反応内容が2％以上になりoと表示される内容が，他の領域と結合して意味づけられ，この内容が2％以下の場合，補外法として（o）と表示してある。例えばV図D7の「ウサギ」は2％以上の出現率でoと表示されている。他方，V図Wに「衣装や羽をつけたウサギ」「ウサギのお化け」と答えるのは補外法として（o）と表示した。またV図Wを「ウサギと人間2人」の反応はこの反応の「ウサギ」もW「人間2人」も2％以上の出現率であるが，「ウサギと人間2人」としての出現は少なく，→oと表示してある。

　o，→o，（o）の分類の表示は，反応内容の出現頻度に注目する場合を別として，形態水準表をコード化に用いる場合，o，→o，（o）の表示に関係なく，普通反応のoとコードすればよい。
　また検査者が新しい反応内容に出会い，形態水準を決定しにくい時，その

形態が本書に掲載された普通反応の内容ときわめて類似している場合，補外法としてoをコードすることが考えられる。なおExnerの「ポケットガイド」に記載されている内容を見る時，oのすべてが2％以上の基準に従わないで，補外法によるものが見られる印象である。

### (2) 特殊反応 (u)

特殊反応 (u) は，ある領域への反応内容の出現率が，健常成人の2％に達しない反応であり，前記のo，→o，(o) を含む普通反応に該当しない反応内容である。その中で知覚された対象の形態がインクブロット自体の形態に合致していると考えられる反応をuとコードする。マイナス反応 (−) ではなくuと決定される内容は，頻度は少ないが，「確かにそのように見える」と迅速かつ容易に納得できる反応内容である。uの反応内容はきわめて多いので，今回の500人の健常成人に見られたすべての特殊反応 (u) を記載してはいない。ただ2％の出現率に達しないが，同じuであってもかなりよく出現する反応が見られることから，本書では特殊反応を**u**とuの2つに分けて表示した。実際のコード化においてはどちらも単にuとコード化する。

(ⅰ) **u**

**u**は数量的に決定したuであり，今回の資料の健常成人500人の中で，同じ領域に同じ反応内容を，5人 (1％) から9人 (1.8％) までの対象者が答えた場合である。本書では反応内容の前の形態水準のuを，ボールドのフォント (太字) にしてアンダーラインをつけ，**u**と表示してある。例えばⅡ図D1を「四国」と答える者は6人，Ⅷ図W (∨) を「カブトガニ」と答える者は8人であり，いずれもuではなく，**u**と表示している。

(ⅱ) u

**u**以外のuは数量的根拠というよりも，このテストに熟練した評定者や多くの健常成人が「なるほど確かにそう見える」と答える基準によっている。uは明朝体で表してある。例えばⅣ図Dd22の辺りの濃淡を利用して「うつ

むいた女性の横顔」と答えたり，Dd32（＜）を「刀に手をかけた武士」「二宮尊徳の銅像」と答えた者はいずれも1人だけであるが，迅速かつ容易にそのように見えるので，単にuと表示するなどである。

　なお出現頻度からoといえなくても，補外法として（o）と表示してよい内容や，他の領域との関係から→oと表示される内容は普通反応のoとコードすることはいうまでもない。

### （3）マイナス反応（－）

　形態水準表の反応内容に－と表示した反応は，出現頻度も少なく，インクブロットの形態と比較して奇異な印象を受ける反応内容である。われわれは精神障害者の資料も有しており（高橋・高橋・西尾，1998），Ⅰ図Dd34「ウシのペニス」，Ⅲ図D2「雨」，Ⅴ図W「炎」，Ⅶ図DS7「ハチの巣」など，統合失調症の反応の－をあげることも可能であるが，本書では健常成人500人の中に見られた反応内容の中で，マイナス反応といえる内容をいくつか任意に採用し例示した。いうまでもないが，本書でマイナス反応（－）と表示された内容は，実際のコード化においても－とコードされる。

# 第 2 章　形態水準表

## 形態水準表の用い方

　包括システムによるロールシャッハ・テストでは，形態を伴う反応に形態水準（＋，o，u，−）のコードを用い，形態を含まない反応（C，Cn，C′，T，V，Y）と無形態運動反応（formless M）には形態水準をコードしない。本形態水準表には，健常成人がインクブロットの領域に答えた，形態を伴う反応の主なものについて，修飾された言葉を除いた基礎概念の形態水準を掲載した。

（1）本表は健常成人500人に出現した反応内容（原則として修飾されていない基礎概念）を，Ⅰ図からⅩ図までの各図版ごとに，W，D，Ddの領域番号の順に分類してある。その次に各領域ごとにH（人間反応），Ad（動物部分反応）などの内容コードを見出しとし，そのコードに対応した「答えられた反応」を，五十音順に掲載してある。内容のコードはExnerの著書（2003）のコードに従っているが，日本人に多いMu（音楽反応）とMa（仮面反応）（高橋・高橋・西尾，2006）を加えてある。

　　したがって検査者が対象者の反応の形態水準をコードする場合，該当する反応内容を見出し，その前に表示してある形態水準のコードを用いればよい。なお反応内容のコードが不明の場合は，第3章「主要内容コード一覧表」を参照されたい。

（2）「兜」Ay,Cgのように，1つの領域への反応に，複数の内容コードをつけるべき場合があるが，この場合は既述のように，おもに一次的内容だけを取り上げ，そこに分類した。

（3）知覚された位置については，何も記載がない場合は，正位置で答えられた反応内容である。図版を逆位置にして反応内容が知覚された時は反応内容の次に（∨），横位置で知覚された場合は反応内容の次に（＜），あるいは（＞）の記号を記して図版を知覚した方向を示し

てある。さらに正位置以外に反対の位置でも同じ反応内容を知覚した場合は，反応内容の後に（∨を含む）など注記してある。ただし対象者の中には図版を正位置に保持したまま，逆位置や横の位置にした概念を知覚する場合があるので留意されたい。

(4) 既述のように本形態水準表のコードとしてo，→oあるいは（o）と表示された反応内容は，いずれもoとコードし，<u>u</u>あるいはuと表示された反応内容はどちらもuとコードする。

(5) なお対象者が同じ領域に同じ対象を答えても知覚の仕方が異なる場合がある。例えばⅨ図D1の「人間の顔」は見る方向によってコードがoかuと異なってくる。またⅩ図D13の「イヌ」は，通常＜に見てoとなるが，∨に見て細くなった領域をイヌの頭と見て「イヌ」と答えて－となることなどがある。したがって，実際に本形態水準表を適用する場合，機械的にコード化をするべきではなく，対象者がどのように知覚したのかを検討して，形態水準を決めることが大切である。例えばⅢ図などで「カエル」と答えた場合，「カエル」の全身を見たのか，上半身なのか，顔なのか，どの領域を見たのかを確かめることが必要である。

(6) 上位概念の「魚」「地図」「動物」「鳥」「虫」などに（不特定）と記載されたものは，下位概念の具体的に特定された「アジ」「オーストラリア」「イヌ」「カラス」「カブトムシ」などでなく，単に「魚」「地図」「動物」「鳥」「花」「虫」と答えた場合である。例えば「動物（ウサギ・クマ・動物などを含む）」と記載されている場合，括弧の外の「動物」は上位概念での見出しであり，括弧内の「動物」は単に不特定の動物を表している。

(7) Ⅰ図Wの「動物の顔」やⅨ図D1の「人間の顔」などは，空白反応（S）と結合される場合がほとんどであるが，本書ではWSの見出しを用いていない。ただしExnerの領域表で領域番号のついているDSとDdSについては見出しとして用いている。したがって実際の

コード化においては，WでなくWS，あるいはDやDdでなくDSやDdSとコードされる反応があることに留意されたい。

（8）対象者によっては，複数の領域に意味づけた対象を関連させて答えることがある。この場合は，「ロールシャッハ・テスト実施法」（高橋・高橋・西尾，2006）に述べたように，原則として最も低い形態水準の対象の形態水準をコードするが，反応全体を検討し，形態水準の低い対象が反応全体にとって重要でない時は，重要な対象の形態水準をコードする。例えばⅡ図W「2匹のクマ（D6）が風船（D2）で遊んでいる」の反応は，D1の「クマ1匹」の形態水準がoであり，「2匹のクマ」はoとなるが，D2の「風船」は－である。この反応ではクマが重要な対象となるので，W＋の領域でのA,Idの内容の形態水準は－ではなく，「クマ2匹と何か」としてoとコードしたものを表示してある。

（9）既述のように，同じ反応内容であっても図版によって出現頻度が異なるので，反応内容の分類は必ずしも一貫していない。

（10）本形態水準表に掲載されていない反応の形態水準については，補外法として普通反応（o）が出現する可能性もあるが，多くは特殊反応（u）あるいはマイナス反応（－）である。

なお各図版の初めの見出し欄に記載されている事項の意味は次の通りである。

（1）Pはその図版における平凡反応（Popular Response）を示し，今回の健常成人500人において，3人に1人以上出現したものであり，括弧内にその領域と反応内容を記載してある。またCは少なくとも6人に1人出現した共通反応（Common Response）であり，括弧内にその領域と反応内容を記載してある。PとCの出現頻度の詳細は第3章に述べてある。したがって対象者の反応に，PやCとして記載された反応内容が出現した場合は，PやCをコードしなければならない。

　　　　なお，領域図の見出し欄にCが記載されていない図版は，Cとコードするのに該当する反応内容が存在しないことを表している。さらにこの見出し欄に，「P　なし」と記載されているⅨ図とⅩ図には，CもPも存在しない。
（２）領域図の見出し欄のZW，ZA，ZD，ZSの文字は組織化活動（Z：Organizational Activity）のコードである。組織化活動は反応の発達水準に関連し，本書で取り上げる形態水準と直接の関係はない。しかしロールシャッハ・テストを実施し記録する場合，多くの反応はZの数値の記入を必要とするので，便宜上，Zの数値を記載した。ZWはZ Whole（発達水準がvでない全体反応のZ値），ZAはZ Adjacent Detail（接触している部分領域が結合されたZ値），ZDはZ Distant Detail（離れた部分領域が結合されたZ値），ZSはZ Space Integration（空白反応と結合した領域のZ値）を意味している。

組織化活動（ZW，ZA，ZD，ZS）の詳細は「ロールシャッハ・テスト実施法」（高橋・高橋・西尾，2006)の第3章と第5章を，また平凡反応（P）と共通反応（C）については同書の第7章を参照されたい。

第 2 章　形態水準表　35

| Ⅰ　図 | P（W：コウモリ）<br>C（W：動物の顔・チョウ・ガ）<br>ZW = 1.0　ZA = 4.0　ZD = 6.0　ZS = 3.5 |
|---|---|

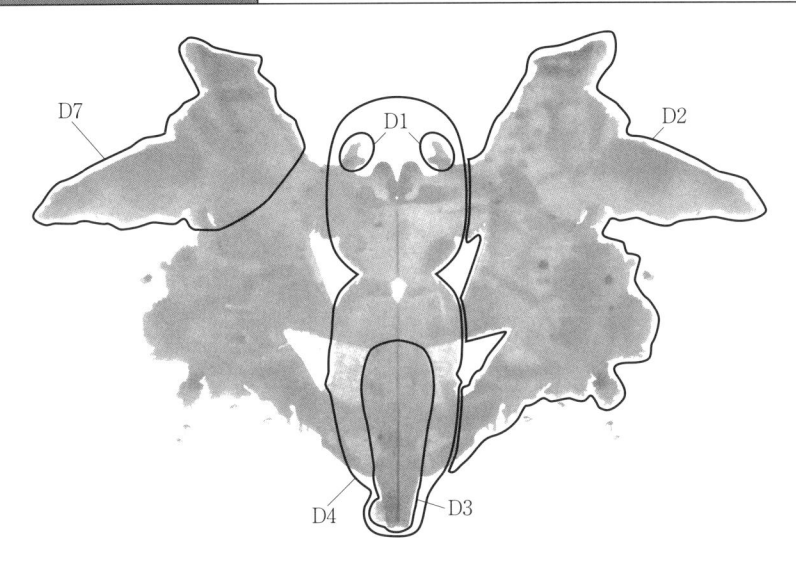

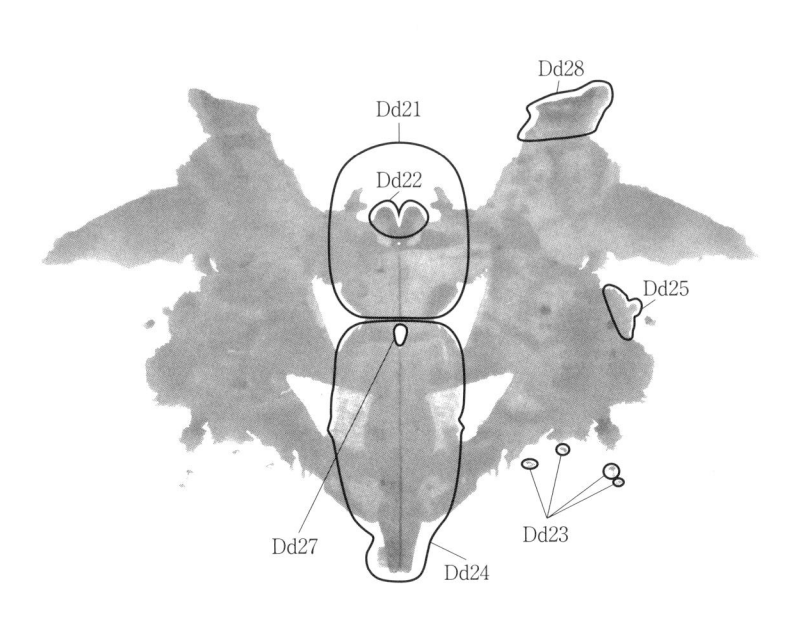

36

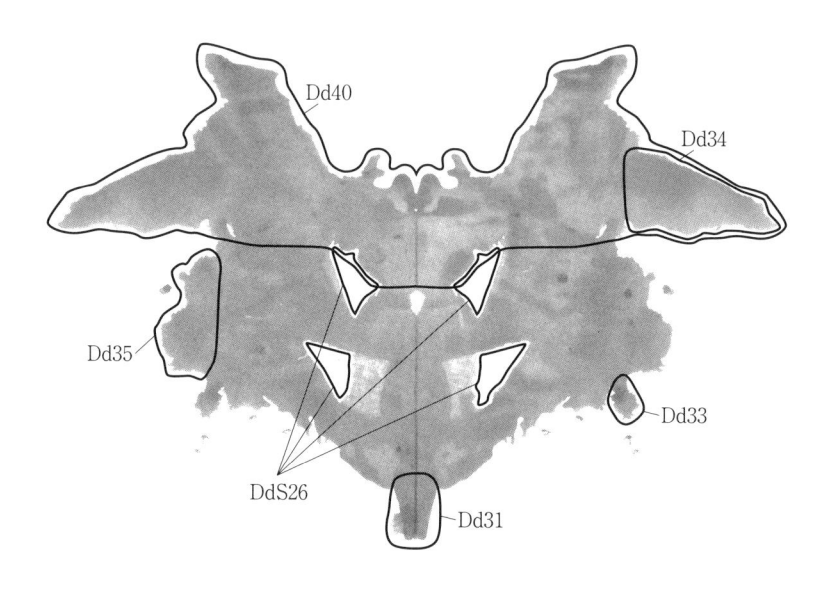

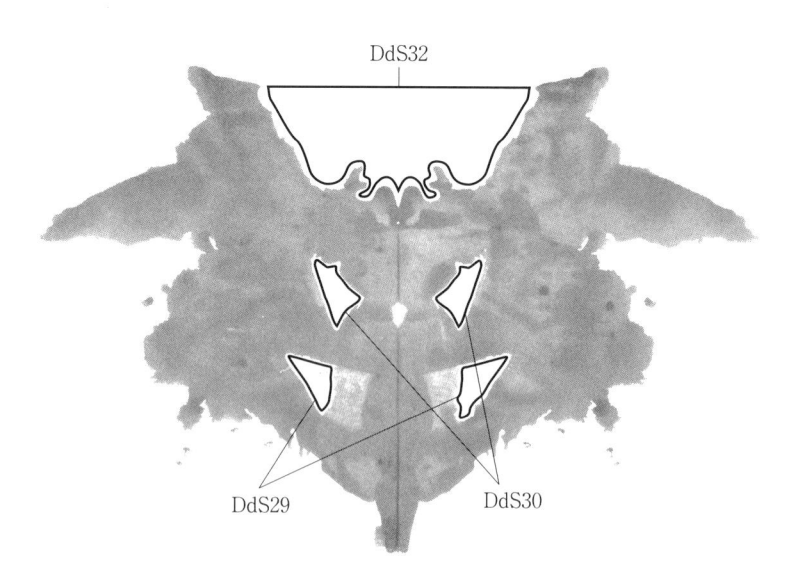

第 2 章　形態水準表　37

## W

| | | |
|---|---|---|
| H | − | シャーマン（∨） |
| | o | 人間 1 人（D4 が体，衣装・マント・羽などをつけている） |
| | − | 人間 1 人（∨） |
| →o | | 人間 2 人（左右の 2 人がダンス・握手など） |
| →o | | 人間 2 人と何か（D4 をはしご・岩・影など） |
| →o | | 人間 3 人（D4 の人と，左右 2 人が体操・踊るなど）（∨を含む） |
| | − | 人間 5 人 |
| | (o) | マジシャン |
| Hd | u | 人の顔（∨を含む） |
| (H) | o | 悪魔・魔王・魔女・魔法使い・怪人（マントや羽をつけている） |
| | u | スーパーマン |
| | o | 天使・女神・妖精（衣装や羽などをつけている） |
| | (o) | 天使・妖精 2 人（左右の妖精，D4 のベルと左右の天使など） |
| | u | バットマン |
| (Hd) | o | 悪魔の顔 |
| | o | 鬼の顔 |
| | (o) | 怪物・化け物の顔 |
| | u | デビルマンの顔 |
| | u | ドラキュラの顔 |
| | o | ハロウィーンのカボチャ |
| | − | ムシバキンの顔 |
| A | u | アブ |
| | u | 羽化している虫（サナギから） |
| | − | エイ（マンタ） |
| | o | ガ |
| | − | カエル |
| | u | カニ（甲羅のみなら Ad 参照） |
| | o | カブトムシ・クワガタ（羽を広げた） |
| | − | カメムシ |
| | − | クモ |
| | o | コウモリ |
| | o | 昆虫・虫（羽をひろげ飛んでいるなど）（不特定） |
| | − | ザリガニ |
| | − | シラミ |
| | u | セミ（羽をひろげた） |
| | − | タガメ |
| | o | チョウ |
| | − | テントウムシ（模様がある） |
| | (o) | 動物 2 匹（争い・踊り，D4 の丸太を運ぶ動物など） |
| | o | 鳥（カラス・ハト・ワシ・小鳥・鳥など） |

I

|   |   |   |
|---|---|---|
| | (o) | 鳥2羽（D2の鳥の踊り・喧嘩，D4の木と2羽など） |
| | u | トンボ |
| | ― | ネズミ |
| | u | ハエ |
| | <u>u</u> | ハチ |
| | u | マンボウ（＜） |
| | (o) | 水に映る動物（＞）（イヌ・ロバなど） |
| | ― | ムササビ |
| | u | 翼竜 |
| | (o) | ワシのマーク |
| Ad | ― | アリの顔 |
| | o | イヌの顔 |
| | o | ウシの顔 |
| | o | オオカミの顔 |
| | o | カニの甲羅（と目） |
| | ― | カの頭 |
| | ― | カマキリの顔 |
| | o | キツネの顔 |
| | ― | 魚の顔（∨） |
| | o | 動物の顔（ウサギ・クマ・ネコ・ネズミ・ヒツジ・ブタ・ヤギ・動物など） |
| (A) | u | 翼のある怪獣 |
| | u | テレビゲームの虫（∨） |
| | (o) | モスラ |
| (Ad)→ | o | 怪獣の顔 |
| An | o | 骨盤 |
| | ― | 子宮 |
| | ― | 内臓 |
| Art | u | 王冠・冠（∨） |
| | ― | 壁掛け |
| | u | 家紋 |
| | ― | 香炉（∨） |
| | ― | ジャイアンツのマーク |
| | u | 凧 |
| | u | 抽象画 |
| Ay | <u>u</u> | 兜（∨） |
| | ― | 土偶（∨） |
| Bl | ― | 血痕 |
| Bt | o | 枯葉（落ち葉・アサガオの枯葉など） |
| | ― | 木 |
| | ― | 木の断面 |
| | o | 葉（アサガオ・カエデ・葉など） |
| | o | 花（カトレア・ボタン・ラン・花の断面・花など） |
| Cg | u | ヘルメット（∨） |
| | u | 帽子（∨） |
| Cl | u | 雲（∨） |
| Ge | ― | 世界地図 |
| | u | 地図（不特定） |
| Ls | u | 岩（∨） |

|     |     |                                              |
| --- | --- | -------------------------------------------- |
|     | u   | 島（∨）                                      |
|     | u   | 水に映った風景（＞）（島・山などを含む）     |
| Ma  | o   | 鬼の面                                       |
| →   | o   | 怪獣の面                                     |
|     | o   | 仮面・面（舞踏会の仮面・プロレスの面などを含む） |
| Mu  | u   | 羽の生えたビオラ（D4がビオラ，左右D4を羽）   |
| Sc  | <u>u</u> | 宇宙船・UFO（∨）                         |
|     | u   | ハングライダー                               |
|     | <u>u</u> | 飛行機（戦闘機・ジェット機を含む）（∨を含む） |
| Xy  | →o  | 骨盤のレントゲン写真                         |
|     | u   | レントゲン写真（不特定）                     |
| Id  | u   | 建物（∨）（家・城など）                      |
|     | <u>u</u> | 塔（∨）（窓のある塔など）               |

## D1

| Hd  | →o  | 人の手                         |
| --- | --- | ------------------------------ |
| A   | u   | 小動物（ウサギを含む）         |
| Ad  | →o  | カニの爪                       |
|     | →o  | 角                             |
| Cg  | u   | 手袋                           |

## D2

| H    | (o)  | 人形                                          |
| ---- | ---- | --------------------------------------------- |
|      | o    | 人間（衣装をつけた人など）                    |
| Hd   | −    | 人の横顔                                      |
| (H)  | o    | 悪魔・魔女・魔法使い                          |
|      | (o)  | 宇宙人                                        |
|      | (o)  | 天使・妖精                                    |
| (Hd) | (o)  | 悪魔の横顔                                    |
|      | (o)  | 漫画化された横顔（ポパイなど。Dd34が鼻）     |
| A    | o    | イヌ（D7を頭）                                |
|      | u    | ウサギ（＜）（Dd34を耳）                      |
|      | u    | キツツキ（Dd34をくちばし）                    |
|      | o    | クマ（Dd28を外向きの顔，Dd34を手）            |
|      | −    | コウモリ                                      |
|      | (o)  | ゾウ（Dd34を鼻）                              |
|      | o    | タツノオトシゴ                                |
|      | −    | チョウ（横から見た所）                        |
|      | o    | 動物（ネコ・ヒツジ・ロバ・動物など）          |
|      | o    | 動物（＜）（イヌ・ブタ・ロバ・動物など）      |
|      | o    | 鳥（Dd34を羽）（オウム・カラス・ニワトリ・ワシ・小鳥・鳥など） |

|   |   |   |
|---|---|---|
|   | u | 鳥（∨）（Dd34を羽，Dd28を尾羽，D2下方を頭，くちばしを開いた鳥） |
| Ad | u | イヌの顔（Dd34が鼻） |
|   | u | コウモリの羽 |
| (A) | u | 怪獣 |
| Cl | u | 雲 |
| Ls | u | 島 |

### D3

|   |   |   |
|---|---|---|
| Hd | →o | 人の足 |
| A | u | トカゲ |

### D4

|   |   |   |
|---|---|---|
| H | o | 人間（指揮者・僧侶・女性・頭のない人など） |
|   | o | 人間2人（ダンス・牧師・兵隊2人など） |
| (H) | (o) | 神様 |
|   | (o) | 神様2人 |
|   | (o) | 天使 |
| A | − | エビ |
|   | − | カエル |
|   | o | カブトムシ・クワガタ |
|   | − | クモ |
|   | (o) | コガネムシ |
|   | o | 昆虫（カミキリムシ・バッタ・昆虫など） |
|   | u | セミ |

|   |   |   |
|---|---|---|
|   | u | 虫（不特定） |
|   | u | ヤゴ |
| Ad | u | 昆虫・虫の胴体 |
|   | u | ハチの胴体 |

### D7

|   |   |   |
|---|---|---|
| H | − | 騎士（＜） |
| A | u | オットセイ |
|   | →o | 鳥（カラス・ニワトリ・鳥など）（Dd28が内側向きの頭） |
| Ad | →o | イヌの横顔 |
|   | →o | 動物の横顔（オオカミ・キツネなど） |
|   | u | 鳥の頭（Dd34をくちばし） |
|   | →o | 羽・翼 |
| Ls | u | 岩 |

### Dd21

|   |   |   |
|---|---|---|
| H | − | 二重胎児 |
| A | u | カエル |
| Id | − | 噴水の出口 |

### Dd22

|   |   |   |
|---|---|---|
| Hd | u | くちびる（＞） |
|   | u | 乳房2つ |
| Ad | − | カエルの目 |
|   | u | 昆虫の口 |

### Dd23
| | | |
|---|---|---|
| Ls | u | 島 |
| Mu | u | 音符 |

### Dd24
| | | |
|---|---|---|
| H | u | 仏像（∨） |
| Ad | u | カメの甲羅（∨） |
| Mu | u | 鐘（ベル） |

### Dd25
| | | |
|---|---|---|
| Hd | u | こどもの顔 |
| Ad | u | ヒヨコの頭 |

### DdS26
| | | |
|---|---|---|
| H | u | 人間 |
| Id | u | 窓 |

### Dd28
| | | |
|---|---|---|
| Ad | →o | 動物の横顔（イヌ・オオカミ・クマなど）（外側上が鼻先） |

### Dd31
| | | |
|---|---|---|
| Hd | u | 合わせた手（∨） |

| | | |
|---|---|---|
| Ls | u | 山（∨） |

### Dd33
| | | |
|---|---|---|
| Ad | u | プードルのしっぽ |
| Fi | u | 炎（∨） |
| Id | u | ハチの巣 |

### Dd34
| | | |
|---|---|---|
| Ad | →o | くちばし |
| | →o | 動物の耳 |
| Ge | u | 地図の半島 |

### Dd35
| | | |
|---|---|---|
| H | u | 赤ん坊（＜） |
| Hd | u | 人の顔（∨を含む） |
| A | u | ヒヨコ（右側のDd35） |
| Ad | u | サルの顔 |

### Dd40
| | | |
|---|---|---|
| (H) | u | 天使 |
| A | o | コウモリ |
| | u | チョウ |
| | u | 鳥 |

| Ⅱ　図 | P（W：人間2人　D1：動物1匹　D6：動物2匹）<br>ZW＝4.5　ZA＝3.0　ZD＝5.5　ZS＝4.5 |

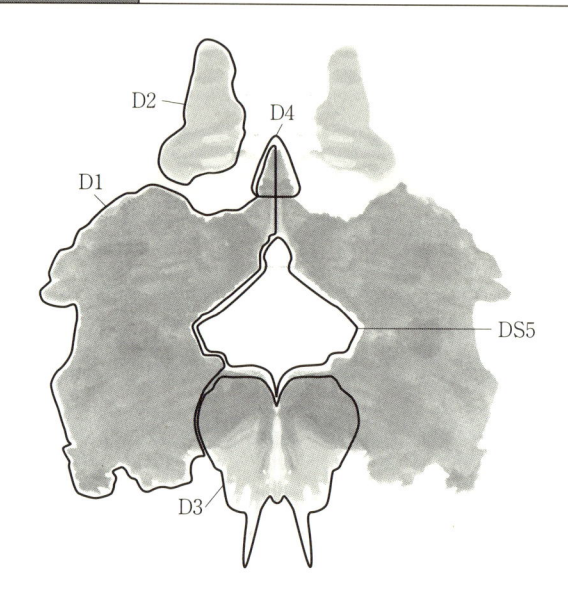

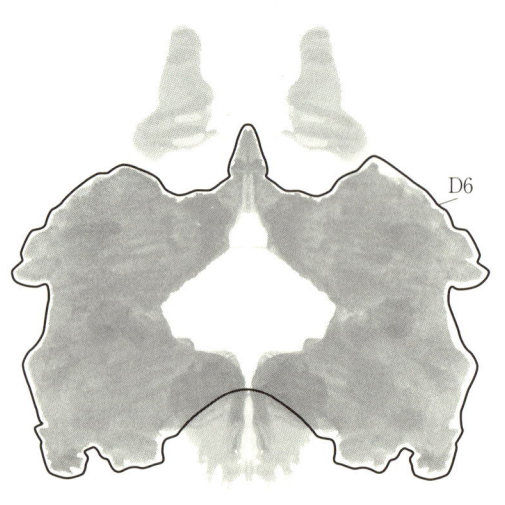

第 2 章　形態水準表　43

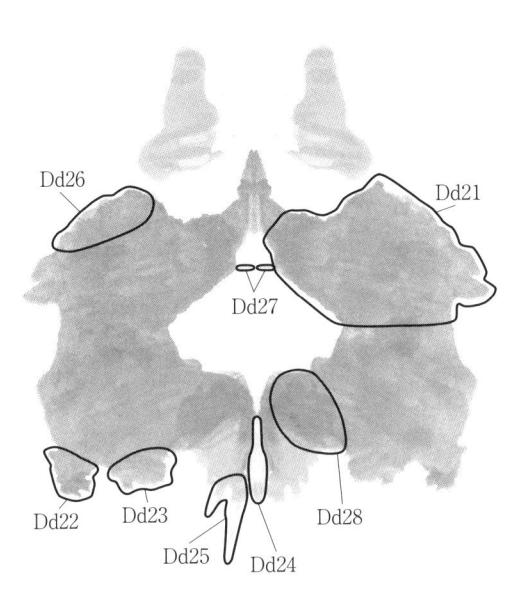

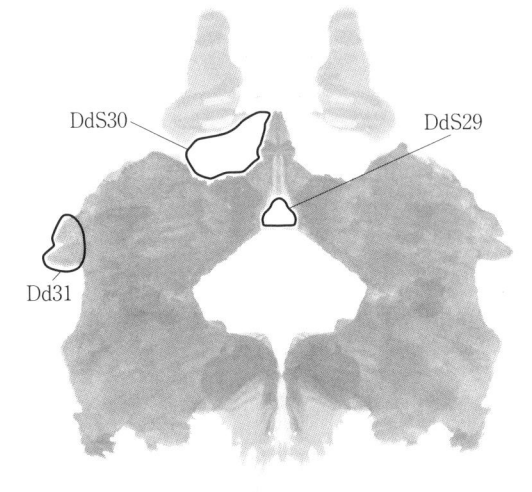

Ⅱ

W

| | | |
|---|---|---|
| H | (o) | 人形2つ |
| | − | 人間1人（D2の間の空白部を顔） |
| | − | 人間1人（∨）（D3を顔） |
| | o | 人間2人 |
| Hd | o | 人の顔（D2かDdS30を目，D4かDdS29を鼻，DS5を口）（D6内部の赤色部を目など，奇妙な見方はマイナス） |
| (H) | (o) | 宇宙人2人 |
| | o | こびと2人 |
| | u | 化け物（∨）（ドラキュラなどを含む）（D3を顔） |
| | (o) | 魔女・魔神・魔法使い2人 |
| | (o) | 雪男2人 |
| (Hd) | o | 鬼の顔（DdS30を目と見ることが多い） |
| A | →o | イヌ2匹と何か（D2を餌・血・帽子など） |
| | − | ウサギ2匹（D2をウサギの耳） |
| | o | ウサギ2匹と何か（D2を餌・風船など） |
| | − | ウニ |
| | (o) | ガ（∨を含む） |
| | o | カニ |
| | (o) | クマ2匹（D2をクマの頭） |
| | →o | クマ2匹と何か（D2を飾りなど） |
| | − | コウモリ（∨を含む） |
| | u | 昆虫・虫（テントウムシ・コガネムシなど羽のある昆虫）（∨を含む） |
| | →o | ゾウ2匹と何か（D3を台，D2を照明など） |
| | − | タヌキ（左右D2を含んだ所が顔，DS5が腹，D3が睾丸） |
| | o | チョウ（∨）（アゲハチョウを含む） |
| | o | 動物2匹と何か（D1のイヌ・ウサギ・クマなど動物2匹をD2の餌・照明・血・帽子などと関連させる） |
| | o | 鳥2羽（アヒル・ガチョウ・ハゲタカ・フラミンゴ・ニワトリ・鳥など。D2を頭と見て，やや戯画化されることが多い） |
| | − | ハエ（∨） |
| | <u>u</u> | ムササビ（∨） |
| Ad | o | 動物の顔（イヌ・ウシ・クマ・タヌキ・ネコなど，戯画化されやすい） |
| (A) | − | キツネの化け物（∨）（D3を頭） |

## 第2章 形態水準表

| | | | | | |
|---|---|---|---|---|---|
| Art | u | 水墨画（不特定） | H | o | 人間（∨を含む） |
| Bt | o | 花（サボテン・パンジー・ラン・花など）（∨を含む） | A | u | アザラシ（＜） |
| | | | | o | イヌ（＜）（∨を含む） |
| Fd | − | イチジク | | u | イノシシ |
| | u | ステーキとケチャップ | | o | ウサギ（＜）（∨を含む） |
| | − | トマト | | (o) | ウシ |
| Fi | u | キャンプファイア（D6をたき木，D2とD3を火） | | − | ウマ |
| | | | | − | オオアリクイ |
| | u | 炭火 | | o | クマ（∨を含む） |
| | u | たいまつ（∨）（くすぶり煙が出ている） | | (o) | ゴリラ（∨を含む） |
| | | | | (o) | サル（∨を含む） |
| Ls | u | 火山（∨を含む） | | o | ゾウ |
| | u | 夕暮れの山 | | o | 動物（不特定）（∨を含む） |
| Ma | o | 仮面・面（鬼の面を含む） | | (o) | ネコ（＜を含む） |
| Sc | o | 宇宙を飛ぶ宇宙船（ロケット）（DS5を宇宙船，D3を噴射する火，D6を暗い宇宙，D2を太陽など） | | (o) | ネズミ |
| | | | | u | バク（＜） |
| | | | | (o) | ヒツジ |
| | | | | u | ブタ（＜） |
| Id | − | イモ判 | | u | ムササビ（∨） |
| | u | 事故現場（人と血を漠然と意味づける） | | (o) | モグラ |
| | | | | (o) | モルモット（＜） |
| | | | | − | ラクダ（＜） |
| | | | Ad | (o) | イヌの上半身 |
| | | | (A) | (o) | 怪獣 |
| | | | An | − | 肝臓 |
| | | | Ge | o | オーストラリア（＜） |

**D1**（D6参照：D1の人間1人や動物1匹でなく，D6として人間2人や動物2匹，人間1人や動物1匹の反射を述べることは多い。D6にD1の内容を対称に見ている場合，D1の形態水準と同じとする）

|    |     |              |
|----|-----|--------------|
|    | u   | 四国（<）     |
| Na | u   | 竜巻          |

## D2

|       |     |                      |
|-------|-----|----------------------|
| H     | u   | 人間                 |
| Hd    | u   | 親指                 |
|       | o   | 人の足（∨を含む）    |
|       | o   | 人の横顔             |
| (Hd)→ | o   | 鬼の角               |
| A     | u   | アザラシ・オットセイ |
|       | −   | イモムシ             |
|       | −   | エビ                 |
|       | u   | チョウ（側面）       |
|       | u   | 鳥（ニワトリ・鳥など）|
| Ad    | u   | ウサギの顔           |
|    →  | o   | 鳥の顔               |
| An    | −   | 心臓                 |
|       | −   | 肺（左右）           |
| Bl  → | o   | 血                   |
| Cg    | u   | 靴・ハイヒール       |
|       | u   | 靴下                 |
|       | −   | 手袋（ミトン）       |
|    →  | o   | 帽子                 |
| Fd    | u   | ソフトクリーム       |
|       | u   | 肉                   |
| Fi    | o   | 火・炎               |
| Ge    | u   | イタリアの地図（∨）  |
| Id    | u   | 足跡（∨）            |

|    |   |     |
|----|---|-----|
|    | − | 風船 |

## D3

|       |     |                                              |
|-------|-----|----------------------------------------------|
| Hd    | −   | 舌                                           |
|       | −   | 人の顔                                       |
| (Hd)  | u   | 鬼の顔（∨）                                  |
| A     | (o) | ガ                                           |
|       | o   | カブトガニ                                   |
|       | u   | 昆虫・虫（不特定）                           |
|       | −   | 深海魚                                       |
|       | o   | チョウ                                       |
|       | u   | 鳥（羽を広げている）                         |
|       | u   | 鳥2羽（∨）                                   |
| Ad    | u   | エビの頭（∨）                                |
|       | u   | カニの頭（∨）                                |
|       | u   | カモシカの顔（∨）                            |
|       | u   | 昆虫の頭（∨）（触角のある）                  |
| An    | −   | 腎臓                                         |
|       | −   | 臓器                                         |
| Bl    | o   | 血                                           |
| Bt    | o   | 花（カトレア・ハイビスカス・パンジー・ラン・花など）（∨を含む） |
| Ex  → | o   | 噴火・爆発（∨）                              |
| Fi  → | o   | 火                                           |
| Ma    | u   | 鬼の面（∨）                                  |
| Id    | u   | インクのシミ                                 |

## D4

| | | |
|---|---|---|
| Hd | u | 人の顔（兜・帽子をかぶった） |
| | →o | 人の手（合わせた） |
| (Hd) | u | 悪魔の顔 |
| Ad | u | アナゴの頭 |
| | — | チョウの頭 |
| | — | ネズミの頭 |
| Ay | u | 兜 |
| Hh | u | ペン先 |
| Sc | u | 鉄塔 |
| | u | 灯台 |
| | u | ペンチ |
| Id | — | 階段 |
| | o | 建物（城・宮殿・神社などを含む）（DS5とともに道の向こうの教会，広場のある宮殿となったり，D6も含み道の両側が森になった建物となることが多い） |
| | (o) | 塔 |

## DS5

| | | |
|---|---|---|
| H | u | 踊り子 |
| A | — | ウサギ |
| | u | エイ |
| | <u>u</u> | 鳥（カモメを含む） |
| Ad | — | クモの口 |
| An | — | 胃 |

| | | |
|---|---|---|
| | — | 子宮 |
| Art | u | シャンデリア |
| | — | スペード |
| Ay | u | パゴダ |
| Bt | u | イチョウの葉 |
| | u | 花（∨） |
| Hh | u | アルコールランプ（∨）（D3を火） |
| | u | 器 |
| | u | 花瓶（∨を含む） |
| | (o) | 電灯の笠 |
| | u | 土器 |
| | o | ランプ（電灯）（D3を光と見ることあり） |
| Ls | →o | 広場・道 |
| Na | →o | 海・湖 |
| Sc | o | 宇宙船・人工衛星 |
| | o | 飛行機（戦闘機・ジェット機を含む） |
| | (o) | ミサイル |
| | (o) | UFO |
| | o | ロケット（D3を噴射と見ることが多い） |
| Sx | — | 女性器 |
| Id | o | こま（∨を含む） |
| | u | 建物（家・教会・宮殿など） |
| | u | 塔 |

**D6**（D1 参照：D1 の人間・動物などが 2 つの場合，D1 による）

| | | |
|---|---|---|
| H | o | 人間 2 人（∨を含む） |
| (H) | u | 悪魔（∨）（D3 を顔，手を広げている） |
| | (o) | 宇宙人 2 人 |
| | (o) | 魔法使い 2 人 |

A（ここでは D6 を「動物 1 匹」と見た反応をあげる。D6 を「動物 2 匹」と見た内容と形態水準は D1 を参照されたい）

| | | |
|---|---|---|
| | u | ガ |
| | − | カメ |
| | <u>u</u> | コウモリ（∨を含む） |
| | u | 昆虫・虫（不特定）（羽のある） |
| | u | チョウ（∨を含む） |
| | − | テントウムシ |
| | u | ムササビ（∨を含む） |
| Ad | →o | カニの甲羅（∨を含む） |
| An | o | 骨盤（∨を含む） |
| | u | 脊髄の切断面 |
| | u | 肺 |
| | − | 肋骨 |
| Bt | (o) | 森（DS5 や D4 と関連した風景多く，Ls となりやすい） |
| Fd | − | ドーナツ |
| Ge | u | 地図 |
| Ls | o | 岩 |
| | o | 洞穴・洞窟 |
| Xy | →o | 骨盤のレントゲン写真（∨を含む） |
| | u | 肺のレントゲン写真 |
| | − | ぼうこう辺りのレントゲン写真 |
| Id | − | 尻もちの跡 |

**DS6**（DS5 と D6 も参照。D6 と DS5 を関連づけ，D6 にウエイトをおく場合）

| | | |
|---|---|---|
| Ge | u | 海・湖のある地図 |
| Ls | o | 岩・洞窟・洞穴から見た景色（海・湖など） |
| | u | トンネルの中から見た景色 |
| Na | (o) | 森と湖 |
| Sc | − | 自動車の正面 |
| | − | 新幹線の正面（DS5 がヘッドライト） |

**Dd21**

| | | |
|---|---|---|
| Ad | →o | 動物の頭・上半身（イヌ・ウサギ・クマ・ゾウなど） |
| Ls | u | 山の絶壁の上 |

**Dd22**

| | | |
|---|---|---|
| Hd | u | 人の頭（∨） |
| Ad | u | サルの顔（∨） |

**Dd25**

(Hd)　u　鬼の角（∨）（左右 Dd25）

**Dd31**

Ad　u　サルの顔

| Ⅲ 図 | P（WかD1：人間2人　D9：人間1人）<br>ZW = 5.5　ZA = 3.0　ZD = 4.0　ZS = 4.5 |

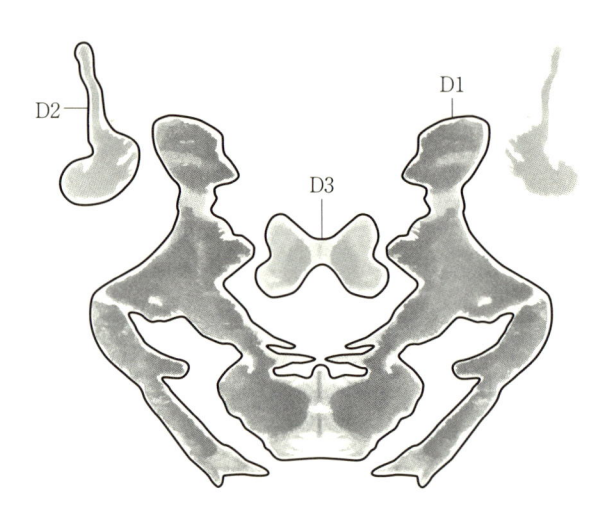

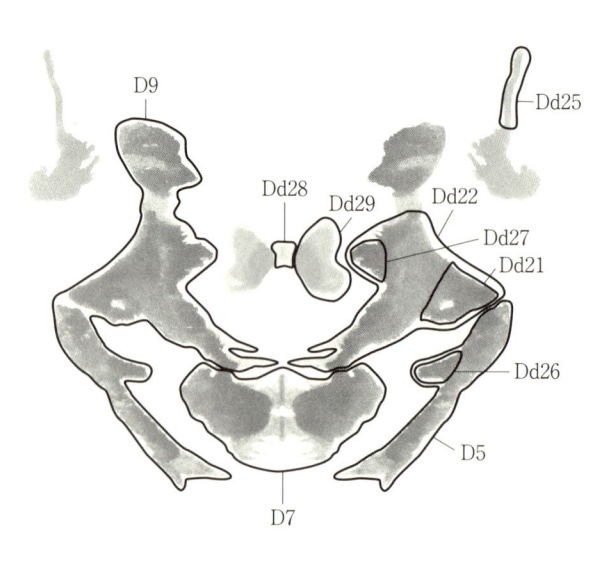

第 2 章　形態水準表　51

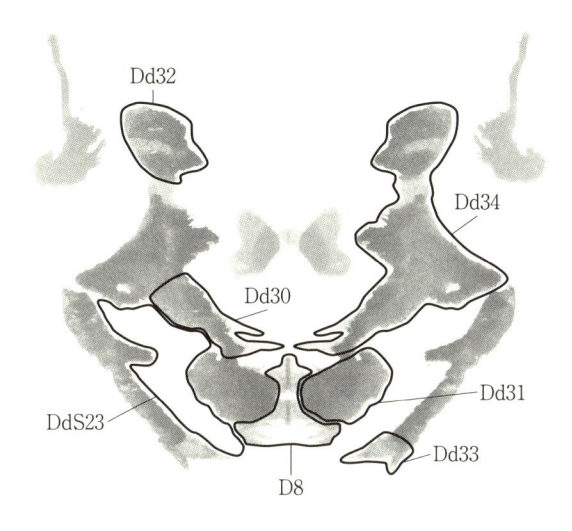

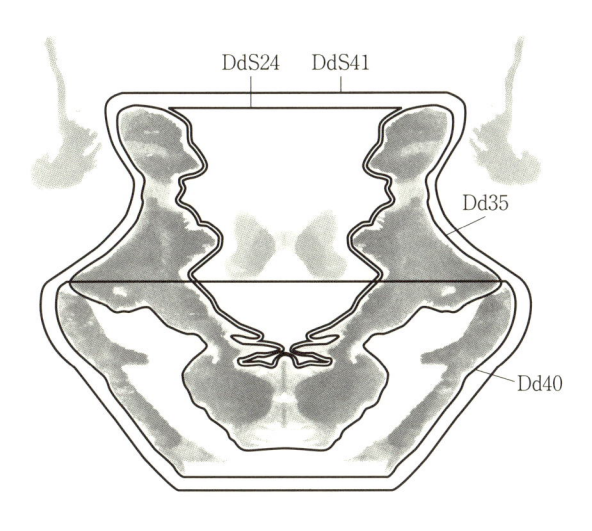

Ⅲ

## W

| | | |
|---|---|---|
| H | o | 人間2人と何か（儀式・祭・料理など。D7を臼・太鼓・机など。D2とD3を火など） |
| Hd | o | 人の顔（隈取り・化粧をした顔を含む）（Dd32目，D3鼻，左右DdS23辺り口が多い） |
| | − | 人の顔（D2やDd21やDd21内の空白部を目，D7を口と見たり，D2が毛髪だからなど，顔の構造があいまい） |
| (H) | u | 怪物（∨） |
| | u | 金星人（∨） |
| | u | 死者と墓石と火 |
| (Hd) | u | 悪魔（怪物）の上半身（∨）（D2，D3を血） |
| A | u | カエル（∨）（Dd35とDdS24を含めカエルの体。D5を手） |
| | − | カニ（D2を目，足と見たり，D3を腹部の一部と見るなど，あいまい） |
| | (o) | 動物2匹（太鼓を叩き，火を燃やすなど） |
| | − | ネコ |
| | − | ハエ（∨） |
| | − | パンダ（∨） |
| | − | 虫 |
| Ad | u | イヌ・オオカミの顔（Dd32を目，D3を鼻，DdS23かD8辺りを口と見ることが多い） |
| | u | ウシの顔（D2を角） |
| | − | ウマの顔 |
| | u | 昆虫・虫の上半身（Dd35とDdS24を含め昆虫の体。D5が手，D7が目） |
| | u | 動物の顔（Dd32を目，D3を鼻，DdS23辺りを口と見るなど） |
| | − | 動物の顔（顔の輪郭や構造部分がきわめてあいまい） |
| | u | ネコの顔 |
| An | (o) | 骸骨2つの踊りと火 |
| Art | − | シャンデリア（∨） |
| Hh | <u>u</u> | 壺（模様のついた） |
| Na | − | 池に浮かぶ木片と葉 |

## D1

| | | |
|---|---|---|
| H | (o) | 人形2つとオルゴール |
| | u | 人間1人（∨）（指揮者など，上半身の時はHdでu） |
| | o | 人間2人（Ⅲ図人間2人の場合，D1を2人と漠然と知覚するか，D9の2人だけの知覚か，D1とD7の事物と関連させているかに注意） |

|      |     |                                                              |
| ---- | --- | ------------------------------------------------------------ |
|      | o   | 人間2人（∨）（Dd31が顔，外向きの顔ではD5を足，内向きの顔では手） |
|      | o   | 人間2人と何か（D7を臼・太鼓・火鉢など）                       |
| (H)  | u   | 悪魔・化け物（∨）（DdS24を含むことあり）〔上半身は（Hd）でu〕 |
|      | <u>u</u> | 宇宙人（異星人・エイリアン）（∨）                       |
|      | u   | カッパ2人                                                    |
|      | u   | ロボット（∨）                                                |

A〔D1に動物・昆虫1匹の場合，D7を頭や目，D5を手，Dd35（DdS24を含むこともある）を体と見る。また動物の全身か上半身かに注意。上半身の場合，Adとコード。なおDd40も参照〕

|      |     |                                                    |
| ---- | --- | -------------------------------------------------- |
|      | —   | アリ                                               |
|      | —   | アリ2匹                                            |
|      | u   | カエル（∨）                                        |
|      | o   | カニ（D5をはさみ，D7を目）                         |
|      | o   | 昆虫（カマキリ・カミキリ・クワガタ・ゲンゴロウ・コガネムシなど） |
|      | →o  | 動物2匹（イヌ・サル・動物など）                    |
|      | →o  | 鳥2羽                                              |
| Ad   | —   | アリの上半身（∨を含む）                            |
|      | —   | イノシシの顔（Dd32を目，D7を鼻）                   |
|      | o   | 昆虫の上半身（カブトムシ・カマキリ・クワガタ・昆虫など）（∨を含む） |
|      | —   | サイの顔                                           |
|      | u   | 動物の顔（ネコ・動物など）                         |
|      | —   | ヤゴの頭と手（∨）                                  |
| (A)  | <u>u</u> | 怪獣（∨）                                     |
|      | u   | ドナルドダック2羽                                  |
| (Ad) | u   | 怪獣の上半身（∨）                                  |
| An   | <u>u</u> | 骨盤                                          |
| Art  | u   | 香炉                                               |
| Ay   | u   | 土偶（∨）                                          |
| Ge   | u   | 陸と海の地図                                       |
| Hh   | u   | 器                                                 |
|      | u   | 花瓶                                               |
|      | u   | 壺                                                 |
| Ls   | u   | トンネルの入り口（∨）                              |
| Ma   | u   | 怪物の仮面                                         |
| Xy   | <u>u</u> | 骨盤のレントゲン写真                          |
|      | —   | 肺と気管のレントゲン写真                           |
|      | u   | レントゲン写真（不特定）                           |

## D2

|      |     |                   |
| ---- | --- | ----------------- |
| H    | (o) | 胎児              |
|      | (o) | 人間（Dd25を足）  |
| (H)  | (o) | こびと            |

| | | |
|---|---|---|
| | (o) | 天使・妖精 |
| A | u | イタチ（＜）（Dd25を尾） |
| | u | イヌ（＜）（Dd25を尾） |
| | u | ウサギ（Dd25を耳） |
| | u | キツネ（＜）（Dd25を尾） |
| | u | サル |
| | o | タツノオトシゴ |
| | u | ネコ（Dd25を尾） |
| | u | ネコと紐（Dd25を紐） |
| | u | ネズミ（＜）（Dd25を尾） |
| | − | ヘビ |
| | u | ライオン（＜）（Dd25を尾） |
| An | u | 腎臓 |
| Bt | u | 花（ウツボカズラを含む）（∨を含む） |
| Fi | o | 火・炎 |
| Id | − | サナギ |
| | o | 火の玉・人魂 |

### D3

| | | |
|---|---|---|
| A | o | チョウ（∨を含む） |
| An | u | 心臓2つ |
| | u | 肺 |
| Art | o | リボン（∨を含む） |
| Bl | o | 血 |
| Cg | o | 蝶ネクタイ |
| Fi | o | 火・炎 |
| Ls | u | 島と橋 |
| Id | − | 取っ手（扉の） |

### D5

| | | |
|---|---|---|
| Hd | →o | 人の足 |
| A | o | 魚（アユ・トビウオ・魚など） |
| | u | サンショウウオ |
| Ad | →o | 動物の足 |
| | →o | 鳥の足 |
| Bt | u | 枝 |
| Cg | (o) | ハイヒール |
| Fd | (o) | 魚の干物 |
| Ge | u | イタリアの地図 |

### D7（D7は単独でなく，WやD1に関連し，かご・太鼓・鍋・火鉢などが多い）

| | | |
|---|---|---|
| Hd | − | 人の顔（眼鏡をかけた顔を含む） |
| (Hd) | u | 悪魔の顔 |
| | u | 宇宙人の顔 |
| | u | 仮面ライダー・ウルトラマンの顔 |
| A | →o | カニ・ワタリガニ |
| Ad | o | 昆虫・虫の頭（カマキリ・トンボ・ハエ・昆虫の頭） |

| | | | | | |
|---|---|---|---|---|---|
| An | o | 骨盤 | | o | 鳥（アヒル・ダチョウ・ヒヨドリ・鳥など） |
| | − | 肋骨 | (A) | u | ウッドペッカー |
| Hh | →o | 臼 | | u | ビッグバード |
| | o | 器・壺 | Ay | − | スフィンクス |
| | →o | テーブル | Bt | − | 木 |
| Ma | u | 仮面 | Fd | (o) | スズメの焼き鳥 |
| Sc | u | サングラス | Ls | u | 山（<） |
| Xy | →o | 骨盤のレントゲン写真 | | | |
| | u | レントゲン写真（不特定） | | | |

**Dd21**

| | | |
|---|---|---|
| Ad | u | ワシの顔（∨） |

### D8

| | | |
|---|---|---|
| A | u | カニ |
| Ad | u | クワガタの頭（∨） |
| | u | 昆虫の口（トンボなど） |

**Dd22**

| | | |
|---|---|---|
| A | <u>u</u> | 鳥（カラス・タカ・トンビ・ワシ・鳥など）（∨を含む） |
| Ad | u | 動物の顔 |

### D9 （D9の人間のほとんどは「向かいあう２人」と見られる。D1の「向かいあう２人」との区別に注意）

| | | |
|---|---|---|
| H | (o) | 人形 |
| | o | 人間（女性のことが多い） |
| | o | 人間（∨） |
| (H) | u | カッパ |
| | (o) | カラス天狗 |
| | u | 鳥人間 |
| | u | 化け物 |
| A | o | 動物（イヌ・キツネ・サル・動物など） |

**DdS23**

| | | |
|---|---|---|
| A | u | タカ |
| Ad | − | 魚の頭 |

**DdS24**

| | | |
|---|---|---|
| Bt | u | キノコ（∨） |
| | u | 花 |
| Cg | (o) | カッターシャツ（蝶ネクタイと） |
| Hh | u | 金魚鉢（D3をキンギョ２匹と見ることあり） |

|   |   |   |
|---|---|---|
|   | u | 壺 |

### Dd28
| | | |
|---|---|---|
| Id | u | 扉 |
| | u | 門 |

### Dd29
| | | |
|---|---|---|
| An | u | 心臓 |
| Art | u | ハートの印（<） |

### Dd31
| | | |
|---|---|---|
| Hd | o | 人の頭（∨） |
| A | u | ネズミ |

**Dd32**（人間・動物・鳥の頭として D1 や D9 に含まれることがほとんどである）

| | | |
|---|---|---|
| Ad | →o | 鳥の頭（アヒル・ヒヨコ・鳥などを含む） |

### Dd33
| | | |
|---|---|---|
| Hd | u | 人の手 |
| Ad | u | ひづめ |
| Cg | →o | 靴 |

### Dd34
| | | |
|---|---|---|
| Hd | (o) | 人の上半身 |
| A | u | 鳥（∨）（餌を運ぶタカなど） |
| Ad | (o) | キツネの上半身 |

### Dd35
| | | |
|---|---|---|
| Ay | u | 土偶（∨） |
| Cg | u | 洋服（Dd35をスーツ，DdS24をカッター，D3を蝶ネクタイ） |

### Dd40
| | | |
|---|---|---|
| Hd | (o) | 人間2人の上半身（∨） |
| | u | 人の顔 |
| (Hd) | (o) | エイリアンの上半身（∨） |
| Ad | o | カエルの上半身 |
| | o | カニの上半身 |
| | o | クモの上半身 |
| | o | 昆虫・虫の上半身（カブトムシ・クワガタ・コガネムシ・カマキリ・ハエ・トンボ・バッタ・昆虫・虫など）（対象者が単にカエル・カニ・クモなどと答え，それらの頭・上半身を見ていることも多いので注意） |
| (Ad) | u | 怪獣の上半身（∨） |
| At | u | 骨盤 |
| Sc | – | 眼鏡（D7をレンズ，D5を眼鏡のつると見る） |

|  |  |  |
|---|---|---|
| **DdS41** | | (DdS41 の多くは左右 D2 を除き DdS24 を含め，D3 に言及した反応であり，同じ領域を用いていても DdS24 を含めず，D3 を意味づけなければ D1 とコードされる） |
| Hd | （o） | 人の顔（Dd32 を目，D3 を鼻，左右 DdS23 辺りを口） |
| | － | 人の顔（左右 Dd27 を目など，奇妙な印象を与える） |
| A | － | 蝶ネクタイをしたパンダ（∨）（D7 を目） |
| | （o） | リボンをつけたカエル |
| | （o） | リボンをつけたカマキリ |
| Ad | － | イノシシの顔（Dd2 を目，D3 を口 D7 を鼻） |
| | u | カニ（∨）（D3 が腹部の模様） |
| | u | 動物（不特定）の顔 |
| | （o） | リボンをつけた昆虫の上半身 |
| Art | u | 花瓶（花などの模様のついた花瓶） |
| Hh | u | 壺（デザインされた壺など） |

| Ⅳ 図 | P (Wか D7：人間または人間類似のもの)<br>C (Wか D7：怪獣　Wか D7：毛皮)<br>ZW = 2.0　ZA = 4.0　ZD = 3.5　ZS = 5.0 |
|---|---|

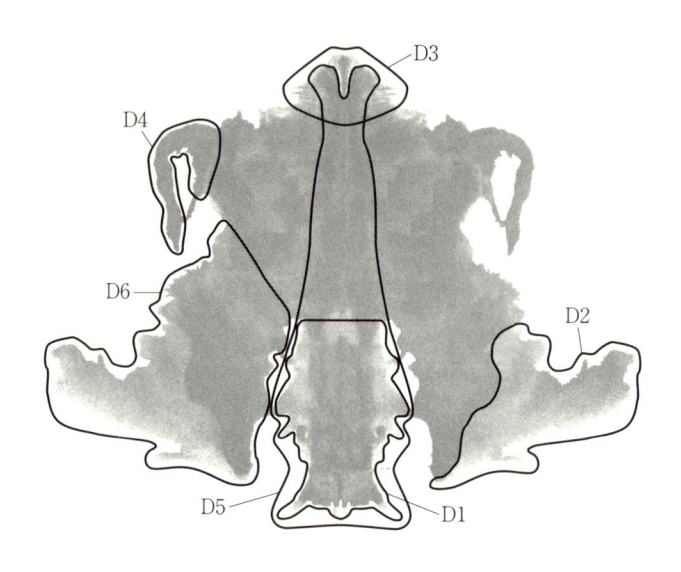

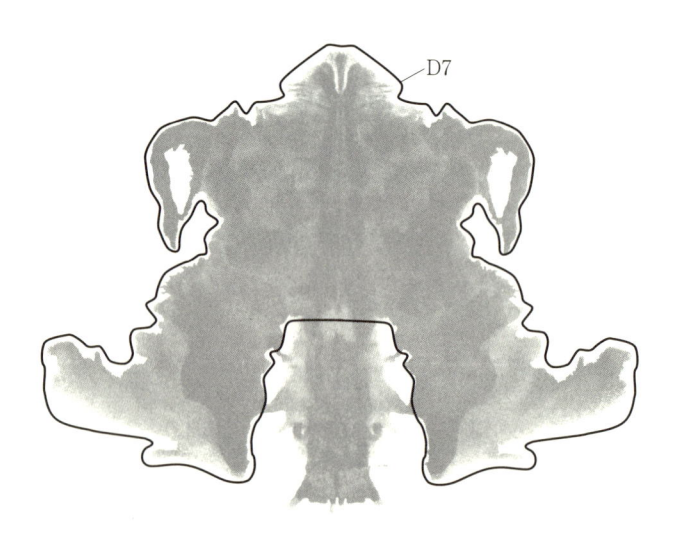

第 2 章　形態水準表　59

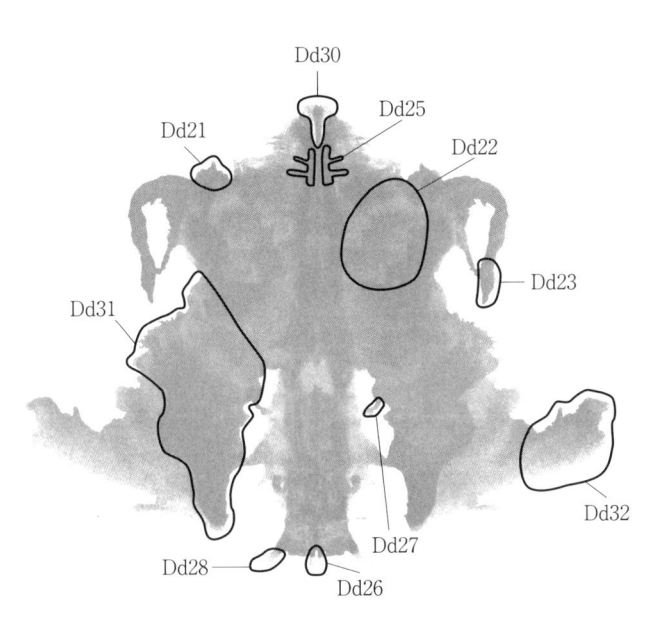

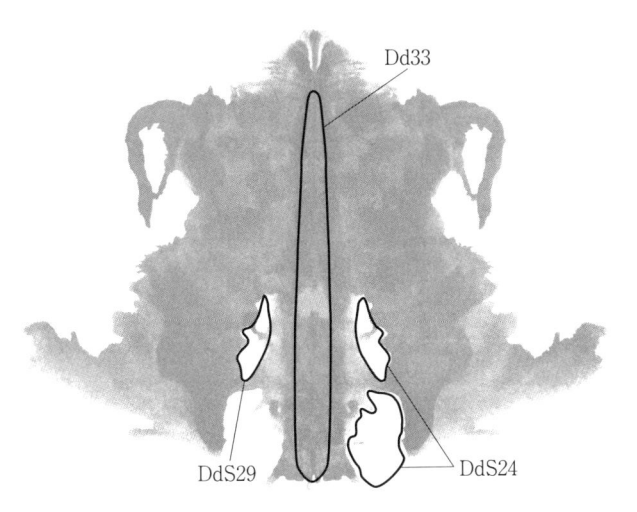

Ⅳ

| | | |
|---|---|---|
| W | | (D7 も参照) |
| H | o | 人間1人（D1に言及なし） |
| | o | 人間1人と何か（D1を椅子・バイク・壺・竜など） |
| | u | 人間2人（背中合わせ，D5を壁など） |
| | − | 股のぞきする人（D1を頭） |
| Hd | − | 人の顔 |
| (H) | o | 悪魔・えんま・鬼・魔王・デビルマン |
| | (o) | 宇宙人 |
| | u | お化け・幽霊（∨を含む） |
| | o | 怪人・妖怪・モンスター |
| | o | 巨人・大男（大きな人ならHとコード）（D1に言及なし） |
| | o | 巨人・大男と何か（D1を椅子・切り株など） |
| | (o) | 山男・山の神 |
| | o | 雪男 |
| (Hd) | − | 悪魔の顔 |
| A | u | イカ（スルメはFd） |
| | u | イヌ |
| | − | イノシシ |
| | − | ウサギ |
| | − | エビ（∨） |
| | o | ガ（∨） |
| | u | カエル |
| | − | カニ |
| | − | カブトガニ |
| | o | カメ・ウミガメ |
| | − | カワウソ（D1を顔，D6を水かき） |
| | (o) | 恐竜（特定の名前を含む） |
| | u | 恐竜2匹と岩（左右D6を恐竜） |
| | o | クマ |
| | u | ケラ（∨） |
| | o | コウモリ（∨を含む） |
| | (o) | ゴリラ |
| | o | 昆虫・虫（羽のある不特定の虫） |
| | − | ザリガニ（∨） |
| | (o) | サル |
| | u | ゾウ |
| | u | タヌキ |
| | (o) | チョウ・アゲハチョウ |
| | o | 動物・野獣（D1かD3を頭，不特定） |
| | u | 鳥（∨）（ワシ・翼のある生物・鳥など） |
| | − | ナマコ |
| | (o) | 剥製の動物 |
| | − | ハチ |
| | u | マンモス |

| | | | | | |
|---|---|---|---|---|---|
| | o | ムササビ（∨を含む） | | u | 骨盤（∨） |
| Ad | u | イノシシの顔(D4を耳,D2を牙,D1を鼻) | Art | u | エンブレム・紋章 |
| | | | | u | シャンデリア（∨を含む） |
| | o | 皮・毛皮（トラなど動物の特定，または不特定の皮） | | u | 魔除けのお守り |
| | | | Ay | u | 兜 |
| | o | クマの毛皮 | | u | 陣羽織 |
| | u | 昆虫・虫の頭（カマキリ・バッタ・昆虫・虫など） | Bt | o | 海草（コンブ・ワカメ・海草など） |
| | | | | o | 木 |
| | o | 敷物・じゅうたん（不特定・特定の動物） | | u | 木の根 |
| | | | | − | 樹皮 |
| | (o) | ゾウの顔 | | u | 葉（落ち葉・枯葉・葉など） |
| | o | 動物の顔（イヌ・オオカミ・タヌキ・ライオン・動物など） | | u | 花（アヤメ・ケイトウ・花など） |
| | (o) | 動物の顔（ウシ・スイギュウ・バファロー・ヒツジ・ヤギなど角のある動物） | Cg | o | 靴1足（D5を木・棒なども含む） |
| | | | | u | 帽子 |
| | u | 動物の顔（D4内部の空白を目と見る） | Cl | u | 雲（雨雲・黒雲・入道雲・雲など） |
| | (o) | なめし革 | Fd | u | エビの天ぷら（D5がエビで他はころも） |
| (A) | o | 怪獣（火を吐く，椅子に座るなどを含む） | | u | 魚の干物 |
| | (o) | 怪鳥（∨） | | u | 魚の開き（アジなども含む） |
| | o | 怪物（動物的） | | u | ショウガ・ワサビ（Btとなり得る） |
| | o | ゴジラ（火を吐くを含む） | | u | スルメ |
| | o | 竜・ドラゴン（∨を含む） | Fi | u | 煙（噴煙を含む） |
| (Ad) | (o) | 怪獣の顔 | | − | 炎 |
| An | (o) | ウシの頭骨 | | | |

| | | |
|---|---|---|
| Ge | u | 地図（不特定） |
| Hh | − | 写真立て |
| | (o) | じゅうたん |
| | u | 壺（∨を含む） |
| | − | ランプ |
| Ls | u | 岩 |
| | u | 茂みと建物（D1を塔・城など）（∨を含む） |
| | u | 島 |
| | u | 洞窟 |
| | u | 風景の反射（>） |
| | u | 森と道（D5を道，上から見た風景） |
| | u | 山 |
| Mu | − | 琵琶 |
| Na | u | 噴水（∨） |
| | u | 森と滝（D5を滝） |
| Xy | u | レントゲン写真（不特定） |

### D1

| | | |
|---|---|---|
| Hd | u | 王冠をかぶった顔（∨） |
| (Hd) | u | 悪魔・えんまの顔（∨） |
| A | u | イモムシ |
| | u | クワガタ |
| | u | ケムシ |
| Ad | u | イモムシの頭 |
| | →o | エビの頭（∨） |
| | u | エビ・シャコの尾 |

| | | |
|---|---|---|
| | <u>u</u> | カタツムリ・ナメクジの頭 |
| | →o | カメの首 |
| | <u>u</u> | 昆虫・虫の頭（∨）（イナゴ・トンボ・昆虫など） |
| | u | 魚の頭（∨）（ドジョウ・ナマズ・魚など） |
| | o | 動物の顔（∨）（イヌ・ウマ・動物など） |
| | o | 動物の顔（∨）（イノシシ・ウシ・シカなど牙・角のある動物） |
| (Ad) | o | 竜の頭 |
| Bt | u | 切り株 |
| | →o | 幹 |
| Hh | u | 電気スタンド |
| | u | ろうそく（∨） |
| Xy | − | 胸のレントゲン写真 |
| Id | u | 城（∨を含む） |
| | u | 塔（∨を含む） |

### D2

| | | |
|---|---|---|
| Hd | →o | 人の足 |
| A | u | アザラシ・オットセイ（<） |
| | u | ウサギ（∨） |
| Ad | o | 動物の頭（イヌ・オオカミ・キツネ・クマ・サル・動物など）（∨を含む） |

|       |     |                                           |
| ----- | --- | ----------------------------------------- |
|       | (o) | 動物の上半身（＜）（Dd32を顔）（イヌ・ブタ・動物など） |
| (Ad)  | (o) | グーフィーの顔                            |
|       | (o) | 竜の横顔                                  |
| Cl    | u   | 雲                                        |
| Na    | u   | 泡（＜）                                  |
|       | u   | 波（＜）                                  |

### D3

|       |      |                                       |
| ----- | ---- | ------------------------------------- |
| Hd    | →o   | 人の顔（Dd25の横線を眉や目）          |
| (Hd)  | (o)  | 宇宙人の顔                            |
|       | u    | 天狗の顔                              |
| Ad    | →o   | イヌの顔                              |
|       | u    | エビの尾                              |
|       | →o   | サルの顔                              |
| Bt    | u    | 花（カトレア・花など）                |
|       | —    | 松ぼっくり                            |
| Sx    | u    | 女性器                                |

### D4

|       |      |                                           |
| ----- | ---- | ----------------------------------------- |
| H     | u    | 人間                                      |
| A     | →o   | 鳥（特定の鳥を含む）                      |
|       | <u>u</u> | ヘビ                                  |
| Ad    | →o   | 角                                        |
|       | →o   | 鳥の頭（アヒル・ツル・ハクチョウなどを含む） |
| (Ad)  | u    | 怪獣の首                                  |

|       |     |                 |
| ----- | --- | --------------- |
| Bt    | u   | 枝              |
| Na    | u   | つらら          |
| Sc    | u   | 釣り針（∨）     |

### D5

A（動物はD1を頭部，D3を尾部と見ることが多い）

|       |      |                              |
| ----- | ---- | ---------------------------- |
|       | →o   | エビ（D1を頭，D3を尾）       |
|       | —    | ゲジゲジ                     |
|       | u    | ケムシ                       |
|       | u    | 魚                           |
|       | —    | トカゲ                       |
|       | u    | 軟体動物                     |
| Bt    | o    | 幹                           |
| Ls    | u    | 谷                           |
|       | u    | 道                           |
| Id    | u    | 塔（∨）                      |

### D6

|       |      |                                              |
| ----- | ---- | -------------------------------------------- |
| Hd    | u    | 女性の横顔（髪の毛の長い女性）（∨）（D2を毛髪） |
|       | →o   | 人の足                                       |
|       | u    | 人の横顔（∨）（D2を横顔，他を衣装）          |
| (Hd)  | →o   | 巨人の足                                     |
| A     | u    | 動物と岩（＞）（D2をシロクマなど）           |
| (Ad)  | u    | ウマの顔（漫画）                             |

|     |     |     |
| --- | --- | --- |
|     | →o  | 怪獣（ゴジラを含む）の足 |
| Bt  | －  | 葉 |
| Cg  | o   | 靴・長靴・ブーツ |
| Cl  | u   | 入道雲 |
| Ge  | u   | アラビアの地図（右のD6） |
|     | u   | イタリアの地図（左のD6） |

**D7**（W も参照）

|     |     |     |
| --- | --- | --- |
| H   | o   | 人間 |
| (H) | →o  | 悪魔・えんま・魔王・魔物・大魔神 |
|     | →o  | 怪物・妖怪 |
|     | (o) | 神様 |
|     | o   | 巨人・大男（大きな人ならHとコード） |
|     | u   | 天使2人 |
|     | u   | 人の影 |
|     | u   | 魔女2人 |
|     | →o  | 雪男 |
| A   | u   | イヌ |
|     | －  | ウサギ |
|     | →o  | クマ・グリズリー |
|     | (o) | ゴリラ |
| Ad  | →o  | 毛皮・敷物 |
| (A) | →o  | 怪獣 |
| An  | u   | 骨盤（∨） |

|     |     |     |
| --- | --- | --- |
| Ay  | u   | 土偶 |
| Cg  | →o  | 長靴1足 |
| Id  | u   | 影（不特定） |

**Dd21**

| Hd | u | 人の顔 |
| --- | --- | --- |

**Dd22**

| Hd | u | 人の横顔 |
| --- | --- | --- |

**DdS24**

| Hd | － | 人の横顔 |
| --- | --- | --- |

**DdS29**

| (Hd) | － | 天狗の顔 |
| --- | --- | --- |

**Dd30**

| Bt | u | ケイトウの花 |
| --- | --- | --- |
| Fd | u | トリガイ |

**Dd31**

| H | － | やせた人（∨） |
| --- | --- | --- |
| A | u | オットセイ（∨） |

**Dd32**

| H | u | 武士（刀をさした）（＜） |
| --- | --- | --- |
| Ad | u | 動物の顔（＞）（イヌ・クマなどを含む） |

| V 図 | P（W：チョウ　W：コウモリ）<br>ZW = 1.0　ZA = 2.5　ZD = 5.0　ZS = 4.0 |

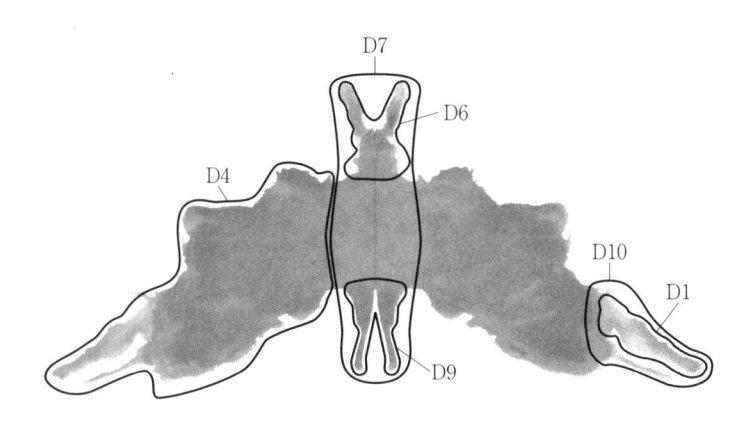

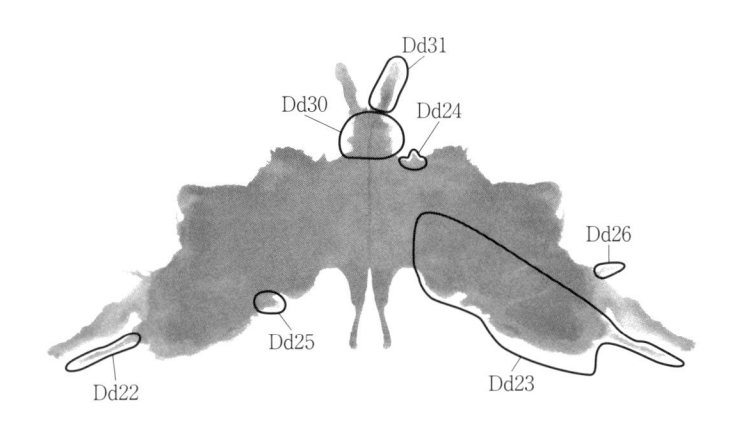

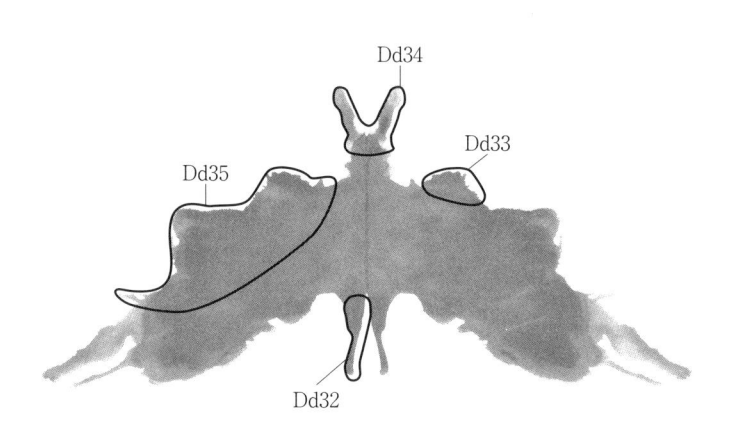

Dd34

Dd33

Dd35

Dd32

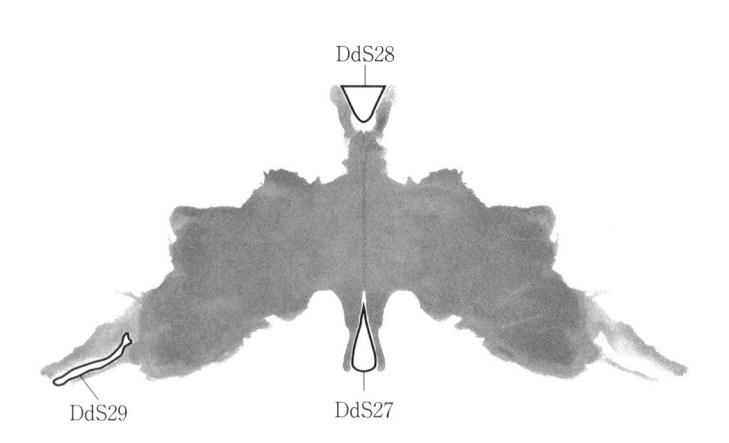

DdS28

DdS29   DdS27

第 2 章　形態水準表　67

|  |  |  |
|---|---|---|
| W |  |  |
| H | o | 人間 1 人（衣装をつけた人：バレリーナ・踊り子・バニーガール・ハングライダーの人などを含む） |
|  | o | 人間 1 人（羽をつけた人） |
|  | o | 人間 2 人（左右に横たわる人） |
|  | →o | 人間 3 人（左右と中央の人） |
|  | − | 忍者の衝突 |
| Hd | u | かつら |
|  | u | パンクのヘアスタイル |
|  | u | ひげ |
|  | →o | 人の横顔 2 つ |
|  | u | 毛髪 |
| (H) | o | 悪魔（魔女・魔法使いを含む）（マントや羽のある） |
|  | u | 黄金バット |
|  | (o) | 天使（羽のある） |
|  | u | 鳥人間 |
|  | u | バルタン星人（∨） |
|  | (o) | 妖怪・怪人（マントや羽のある） |
|  | (o) | 妖精（羽のある） |
| A | o | アゲハチョウ（∨を含む） |
|  | <u>u</u> | イモムシ・ミノムシ |
|  | − | エイ |
|  | o | ガ（∨を含む） |
|  | u | カニ（∨）（D4 を爪） |
|  | u | 恐竜 2 匹 |
|  | o | コウモリ |
|  | o | 昆虫・虫（トンボ・ハチ・バッタなど羽を広げた昆虫・虫） |
|  | o | チョウ（∨を含む）（モンシロチョウや標本を含む） |
|  | o | 動物 2 匹（2 匹のウサギ・ウシ・ライオン・オオカミ・シカ・動物など。中央の方が頭。D4 参照） |
|  | o | 鳥（不特定） |
|  | o | 鳥（ツバメ・ツル・シラサギ・タカ・カモメ・カラス・クジャク・コウノトリ・ハト・ワシ・コンドルなど） |
|  | o | 鳥 2 羽（∨）（ツル・クジャク・鳥など） |
|  | − | ムササビ |
|  | u | 翼竜 |
| Ad | − | カラスの頭 2 つ（∨） |
|  | − | 毛皮 |
|  | u | 動物の上半身 2 つ |
|  | →o | ワニ 2 匹の上半身（D10 を頭） |
| (A) | (o) | ウサギ（衣装をつけたり，羽のある） |

|     |     |                                    |     |     |                              |
| --- | --- | ---------------------------------- | --- | --- | ---------------------------- |
|     | (o) | ウサギ（コウモリと合体・お化けのウサギ） |     | u   | 山（富士山を含む）           |
|     |     |                                    | Ma  | u   | 仮面２つ                     |
|     | →o  | ウサギと人間２人（D7をウサギ）      | Sc  | u   | ハングライダー               |
|     |     |                                    |     | u   | 飛行機                       |
|     | u   | 怪獣（衣装をつけた）               | Xy  | u   | 骨盤のレントゲン写真         |
|     | (o) | 怪鳥                               | Id  | u   | ブーメラン                   |
|     | u   | 双頭の竜                           |     | −   | 弓（>）                      |
|     | u   | 天馬                               |     |     |                              |
|     | (o) | モスラ                             |     |     |                              |
| (Ad)| u   | 怪物２匹の上半身                   | **D1** |  |                              |
| An  | u   | 骨盤                               | Hd  | →o  | 人の足                       |
| Art | u   | 兜の飾り（∨）                      | Ad  | −   | キリンの角                   |
|     | u   | バットマンのマーク                 |     | u   | ゾウの鼻と頭                 |
|     | −   | バレッタ                           |     | →o  | 動物の足（ウマ・シカなどの足） |
|     | u   | ペンダント                         |     |     |                              |
| Bt  | −   | 雄しべと雌しべ                     |     | u   | ワニの頭                     |
|     | <u>u</u> | 葉・枯葉                      | (Ad)| u   | 竜の頭                       |
|     | u   | 葉２枚                             | Ls  | −   | 半島                         |
|     | <u>u</u> | 花（∨）                       |     |     |                              |
|     | −   | ヒシの実（∨）                      | **D4** |  |                              |
| Cg  | −   | ハイヒール１足（左右）             | H   | →o  | 人間                         |
| Cl  | u   | 雲                                 | Hd  | u   | デスマスク                   |
| Fd  | −   | キュウリ                           |     | →o  | 人の横顔                     |
|     | −   | つぶれた果物                       | A   | −   | ザリガニ                     |
| Ge  | u   | 島の地図                           |     | →o  | 動物（ウシ・イノシシ・シカ・動物など。W参照） |
| Hh  | u   | 容器（∨）                          |     |     |                              |
| Ls  | −   | 砂山に立てた棒                     | Ad  | u   | イヌの顔                     |
|     | u   | 噴火する山                         |     | −   | ウシの顔                     |
|     |     |                                    |     | −   | ウマの顔                     |

|      |     |                |
|------|-----|----------------|
|      | u   | オオカミの顔    |
|      | u   | カニのはさみ（爪） |
|      | −   | カモノハシの顔  |
|      | −   | 鳥の上半身（∨） |
|      | →o  | 鳥の羽          |
|      | →o  | ワニの頭        |
| Fd   | u   | 鶏肉の足        |

### D6

| Hd  | u   | Vサインの指 |
|-----|-----|-------------|
| Ad  | o   | ウサギの頭  |
|     | →o  | カタツムリ・ナメクジの頭 |
| Bt  | −   | 花          |
| Hh  | u   | 洗濯ばさみ  |
| Sc  | u   | はさみ      |

### D7

| H    | →o  | 人間     |
|------|-----|----------|
| (H)  | →o  | 悪魔     |
| A    | o   | ウサギ   |
|      | →o  | カタツムリ |
|      | →o  | ナメクジ |
|      | u   | リス     |

### D9

| Hd  | →o  | 人の足   |
|-----|-----|----------|
| Ad  | u   | イヌの足 |

|      |     |                |
|------|-----|----------------|
|      | →o  | 触角（チョウ）  |
|      | u   | 角              |
|      | →o  | 鳥の足          |
| Hh   | u   | 毛抜き          |
| Sc   | u   | ピンセット      |

### D10

| Ad   | u   | カニのはさみ |
|------|-----|--------------|
|      | u   | 恐竜の顔     |
|      | u   | 動物の足（ウマ・シカ・動物など） |
|      | u   | 動物の頭（イヌ・オオカミ・ウマ・動物など） |
|      | u   | 鳥の頭（∨）  |
|      | o   | ワニの頭     |
| (Ad) | u   | 竜の横顔     |

### Dd22

| Ad | →o | しっぽ |
|----|----|--------|

### DdS29

| Ad | u | ネズミのしっぽ |
|----|---|----------------|

### Dd30

| Hd | →o | 人の顔 |
|----|----|--------|

### Dd31

| Hd | − | 人の顔   |
|----|---|----------|
| A  | − | ナメクジ |

| | | |
|---|---|---|
| Ad | u | カタツムリ・ナメクジの角 |
| Hh | － | 孫の手 |

### Dd32
| | | |
|---|---|---|
| Hd | →o | 人の足 |

### Dd33
| | | |
|---|---|---|
| Hd | － | 肩 |
| | u | 人の顔 |

### Dd34
| | | |
|---|---|---|
| Sc | u | はさみ |

### Dd35
| | | |
|---|---|---|
| Hd | u | 人の横顔 |
| Ad | u | サルの横顔 |
| | － | ラクダの背中 |

| Ⅵ 図 | P（Wか D1：毛皮　W：絃楽器）<br>ZW = 2.5　ZA = 2.5　ZD = 6.0　ZS = 6.5 |

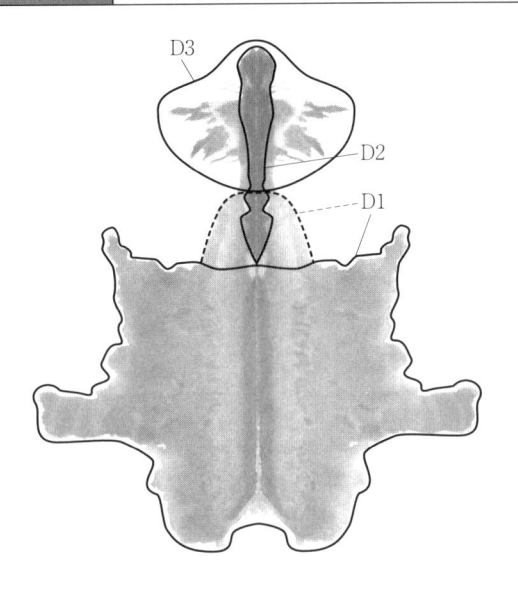

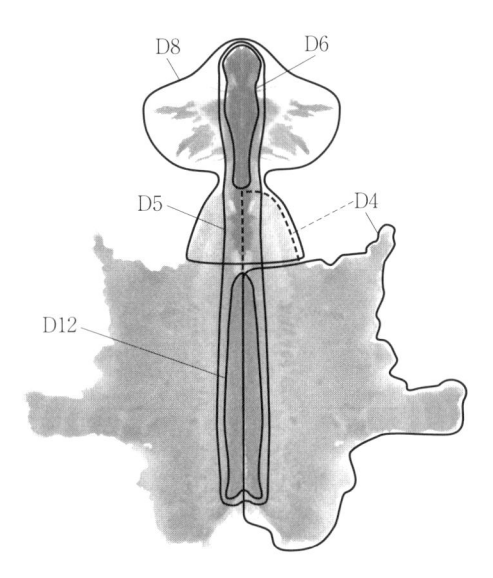

72

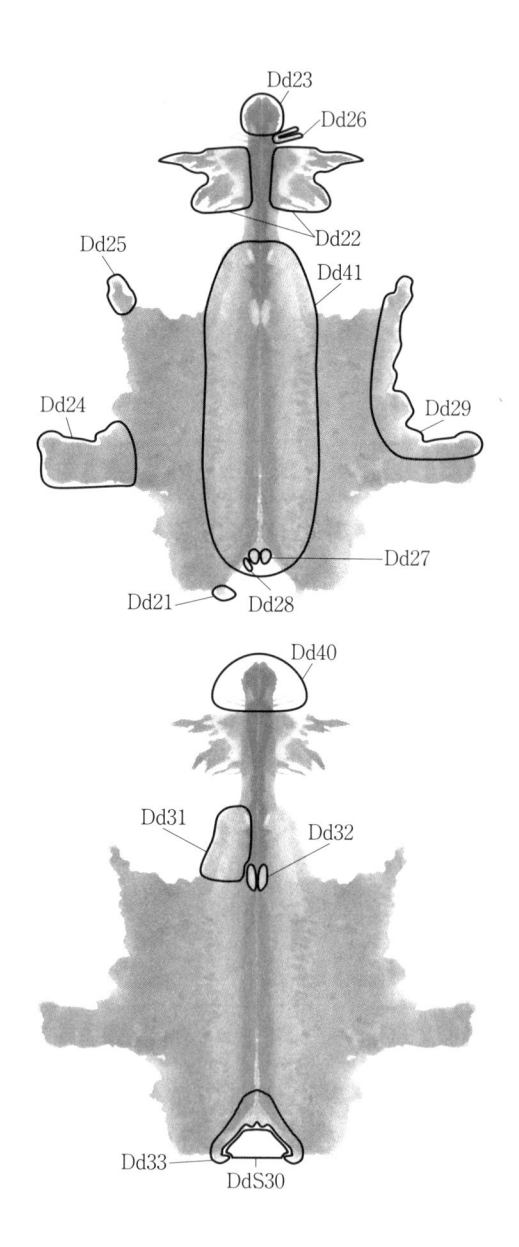

第2章 形態水準表 73

| | | |
|---|---|---|
| W | | （D1も参照） |
| H | － | 人間（かんざしをした女性やマントを着た王様など，D3を毛髪，飾り，顔，D1を着物など） |
| Hd | － | 人の顔（∨） |
| | u | 人の横顔2つ（∨）（高い鼻，Dd25をひげ，D3を首飾り） |
| (Hd)→ | o | 天狗の顔2つ |
| A | u | エイ（∨） |
| | － | カエル |
| | － | カタツムリ |
| | u | カブトガニ（D3を尾） |
| | o | カブトムシ・クワガタ（D3を角） |
| | － | カマキリ |
| → | o | カメ |
| | o | キツネ |
| | － | クモ（∨） |
| | u | 昆虫・虫（不特定） |
| | u | 魚（ヒラメ・魚など。D3を尾） |
| → | o | スッポン |
| | － | セミ |
| | (o) | 動物（イヌ・オオカミ・クマ・タヌキ・ネズミ・ヒョウ・動物など） |
| | u | 鳥（ガン・クジャク・ハヤブサ・鳥など） |
| → | o | 鳥と何か（D3を鳥，D1を岩，雲，影など） |
| → | o | トンボと何か（D3をトンボ，D1を影など） |
| | o | ネコ |
| | o | ムササビ |
| Ad | o | キツネの毛皮 |
| | o | 毛皮・皮（オオカミ・クマ・ネコ・ヤギ・動物などの毛皮） |
| | (o) | シカ皮のカーペット |
| | o | 敷物・じゅうたん（特定の動物名，ムートン・動物の敷き皮） |
| | u | 動物の顔（∨）（イヌ・キツネ・ライオン・トラ・動物など） |
| | o | トラの毛皮 |
| An | － | 脳の断面 |
| Art | － | 王冠 |
| | u | 勲章 |
| | u | 校章 |
| | u | トロフィー |
| Ay | →o | トーテムポール（D5をポール，D3をトーテム，他を丘など） |
| Bt | (o) | 押し花 |
| | u | 木（∨） |
| | － | クリスマスツリー（D3を飾りの星） |
| | u | 植物 |

Ⅵ

|   |   |   |
|---|---|---|
|   | →o | 葉（アジサイ・カエデ・モミジ・ヤツデなど） |
|   | o | 葉（落ち葉・枯葉を含む） |
|   | o | 花（∨）（アサガオ・カトレア・ツバキ・ユリ・ラン・花など）（D1を花びら，D6を茎，Dd22を花） |
|   | u | 花と鉢（D3を花） |
|   | (o) | 花の断面 |
| Ex | u | 爆発・噴火 |
| Fd | − | アイスキャンデー（∨） |
|   | − | イカの塩辛 |
|   | u | エビフライ（エビは−） |
|   | u | 果物の断面（リンゴの断面やくずれた果物など） |
|   | o | 魚の開き・干物（アジ・イワシ・魚など） |
|   | (o) | 魚のフライ |
|   | u | 天ぷら・フライ（不特定） |
|   | u | フライドチキン |
|   | (o) | モミジの天ぷら |
| Hh | (o) | うちわ（D3を柄） |
|   | u | たわし |
|   | − | 壺 |
|   | − | 手桶 |
|   | u | はたき・ほこり取り |
|   | u | ヘアブラシ |
| Ls | u | 風景と道（D5を道や谷，山や森から見た所） |
|   | o | 風景の反射（＜）（水に映る草むら・山・森・陸など） |
| Ma | →o | 天狗の面2つ |
| Mu | o | 楽器（チェロ・コントラバス・ベース・ビオラ・バラライカ・マンドリン・胡弓など） |
|   | o | 楽器・弦楽器（不特定） |
|   | o | ギター |
|   | o | 三味線 |
|   | o | バイオリン |
|   | o | 琵琶 |
|   | u | 風鈴 |
|   | u | ベル・鈴 |
| Sc | u | 宇宙船・UFO |
|   | u | 剣（岩にささった剣・飾りのついた剣など） |
|   | u | 削岩機（∨） |
|   | u | 鉄砲2つ（＜）（上下に1つずつ） |
|   | <u>u</u> | 飛行機（戦闘機を含む） |
|   | u | ピストル2つ（＜）（上下に1つずつ） |
|   | →o | 船と水煙の反射（＜） |
|   | u | ロケットと煙（D6をロケット，他は煙） |
| Sx | − | 女性器 |

| | | | | | | |
|---|---|---|---|---|---|---|
| Xy | − | レントゲン写真（肺など特定） | | →o | 敷物（じゅうたん・ムートンなど） |
| | u | レントゲン写真（不特定） | | − | 虫の頭 |
| | | | (A) | u | 怪獣 |
| Id | u | 看板・標識（∨） | An | − | 内臓 |
| | →o | 軍配 | Art | u | 飾り |
| | u | 建物と岩（アンテナ・十字架・塔・灯台などとD1を岩） | Bt | →o | 葉（カエデ・モミジ・葉など） |
| | | | | →o | 花 |
| | →o | 羽うちわ | | u | 花輪（リース） |
| | − | 羽根（羽子板の） | Cg | u | パーカー（∨）（D12をジッパー） |
| | u | 瓶と氷 | Fd | − | アカ貝 |

**D1** （Wも参照）

| | | | | | |
|---|---|---|---|---|---|
| | | | | u | 果物（リンゴなど）の断面（食べかけ） |
| H | − | 人間1人（∨）（衣装をつけた人） | | − | ノシイカ |
| | u | 人間2人（∨）（背中合わせ） | Ge | u | 地勢図（不特定） |
| | | | Hh | − | 釜 |
| Hd | − | 人の顔（∨を含む） | Ls | u | 岩 |
| | u | 人の横顔2つ（∨を含む） | Ma | u | 鬼の面2つ |
| | | | | o | 天狗の面2つ |
| (Hd) | →o | 天狗の顔2つ | Na | u | 渓流（上から見た） |
| A | u | 昆虫（カブトムシを含む） | | u | 氷 |
| | →o | 動物2匹（∨）（背中合わせ）（イヌ・クマ・ゴリラ・サル・動物など） | | u | 滝を含む風景（岩・山・森など）（∨を含む） |
| | | | | u | 氷河の一部 |
| | − | ヒトデ | | u | 水たまり |
| | →o | ムササビ | | u | 雪の結晶 |
| Ad | →o | 毛皮・皮（クマ・トラ・ヒョウなど） | Sc | →o | 船の反射（＜） |
| | | | Id | − | 巣 |
| | o | 毛皮・皮（不特定） | | | |

|   |   |   |   |   |   |
|---|---|---|---|---|---|
| | − | ついたて | | − | リス |
| | u | 扉・門（両開きの） | Ad | o | キツネの顔 |
| | − | 屏風 | | →o | 動物の顔（イヌ・オオカミ・ネコなど動物の頭） |
| | − | ホラ貝 | | | |
| | | | Ay | →o | トーテムポール |
| **D2** | | | | (o) | 鳥の地上絵（ナスカのような） |
| H | u | 人間 | Bt | u | 木 |
| A | u | ウナギ | | →o | 花（ケイトウ・ラン・花など） |
| Ay | →o | トーテムポール | | | |
| | | | Na | − | 雪の結晶 |
| **D3** | | | Sc | u | 剣 |
| H | u | キリストのはりつけ | Id | u | 十字架 |
| | u | 石像（人間の） | | u | 羽子板の羽根（∨） |
| | u | 人間（衣装をつけたり，手を広げた） | | u | 標識 |
| Hd | − | 人の顔 | | u | 矢・ダーツの矢（>） |
| (H) | u | かかし | | | |
| | u | こびと | **D4** | | |
| | u | 火の神 | Hd | u | 人の横顔（∨を含む） |
| (Hd) | − | えんまの顔 | (Hd) | o | 天狗の顔（∨を含む） |
| A | u | イナゴ | | u | 魔女の顔 |
| | u | ガ | A | →o | 動物（∨）（イヌ・コグマ・トラ・動物など。Dd24を前足） |
| | u | クリオネ | | | |
| | <u>u</u> | 昆虫・虫（不特定） | | u | 動物と何か（<）（Dd24をクマ，他を山など） |
| | u | チョウ | | | |
| | →o | 鳥 | Ad | u | イヌの顔 |
| | o | トンボ | | − | ゴリラの顔 |
| | − | ムササビ | | | |

| | | |
|---|---|---|
| Ay | u | 埴輪の上半分（∨） |
| Fd | − | 食べかけのスイカ |
| Ma | →o | 天狗の面 |
| | (o) | 面 |
| Sc | u | 機関銃（<） |
| | u | 戦車（<） |
| | u | ピストル（<） |
| | →o | 船（<） |

### D5
| | | |
|---|---|---|
| A | u | ウナギ |
| | u | ヘビ |
| | u | 虫（長い虫） |
| Ad | − | 動物の足（∨） |
| An | u | 背骨 |
| Sc | u | 剣 |
| Id | u | 棒 |

### D6
| | | |
|---|---|---|
| A | u | ケムシ |
| | u | トカゲ |
| Ad | →o | トンボの胴体 |
| Hh | u | 燭台（∨） |
| Sx | u | 男性器 |

### D8
| | | |
|---|---|---|
| A | u | 虫（土から出てきた，土の上の） |
| Ad | − | セミの口 |

| | | |
|---|---|---|
| (Ad) | − | 竜の上半身 |
| Sc | u | 灯台 |
| Id | u | 墓（十字架の） |

### D12
| | | |
|---|---|---|
| Ls | u | 谷 |
| Sc | u | ロケット |
| Sx | − | 女性器 |

### Dd21
| | | |
|---|---|---|
| Ad | u | カマキリのかま（∨） |
| | u | 角（∨） |

### Dd22
| | | |
|---|---|---|
| Ad | u | チョウの羽 |
| Bt | u | 葉 |
| Na | u | コロナ（>） |
| | u | 太陽の半分（>） |
| | u | 水ばしら |
| Id | u | 光線（灯台） |

### Dd23
| | | |
|---|---|---|
| Hd | u | 握りこぶし |
| | u | 人の横顔2つ |
| Ad | u | イタチの顔 |
| | u | イモリの頭 |
| | − | ウマの鼻 |
| | →o | カメの頭 |
| | u | ヘビの頭 |

### Dd26
| Ad | →o | 動物のひげ（ネコなど） |

### Dd27
| Ad | u | 虫の目（∨） |
|    | － | ワシのひな2羽（∨） |

### Dd29
| Hd | u | 人の横顔 |

### Dd31
| (H) | u | 人形〔動物的な人形は(A)〕 |

### Dd32
| Ad | － | 動物の目 |

### Dd33
| Ad | u | 昆虫の口 |
| Id | u | アリ地獄 |

### Dd40
| Ad | o | 動物の頭（イタチ・オットセイ・ネコ・ネズミ・動物など） |

### Dd41
| Fd | o | 果物・野菜の断面（キウイ・キュウリ・スイカ・ピーマン・リンゴ・果物・野菜など） |
| Ls | u | 渓谷 |
| Id | － | 飛行場 |

| Ⅶ 図 | P（W：人間2人）<br>ZW = 2.5  ZA = 1.0  ZD = 3.0  ZS = 4.0 |
|---|---|

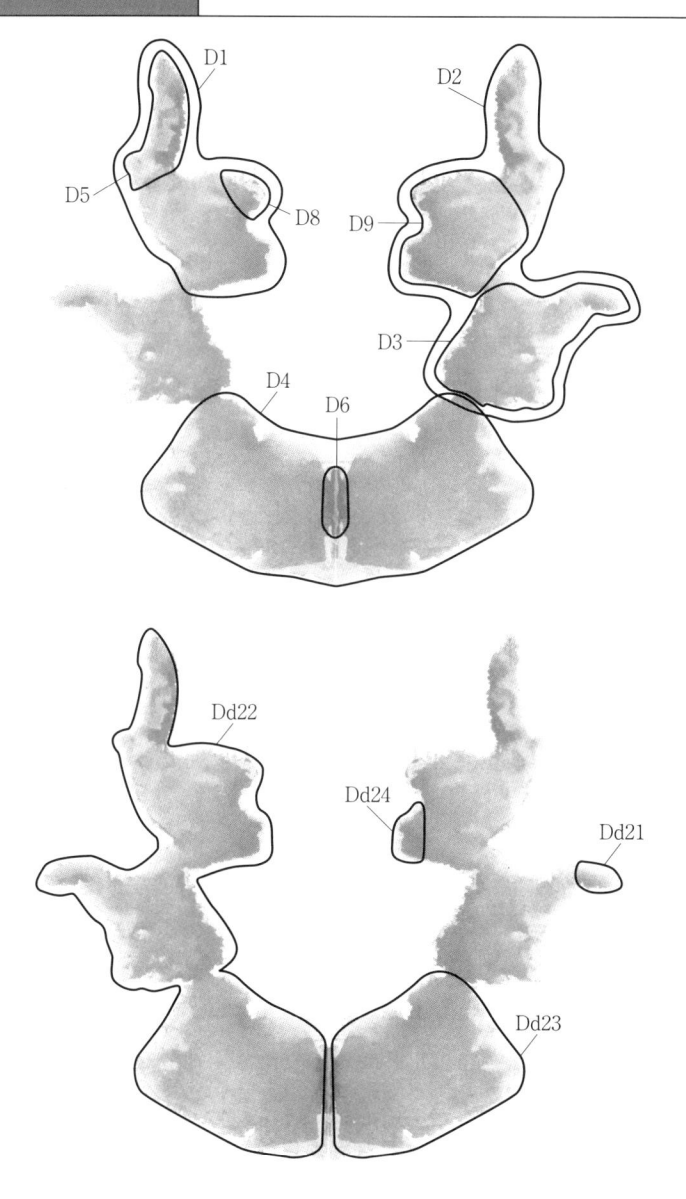

80

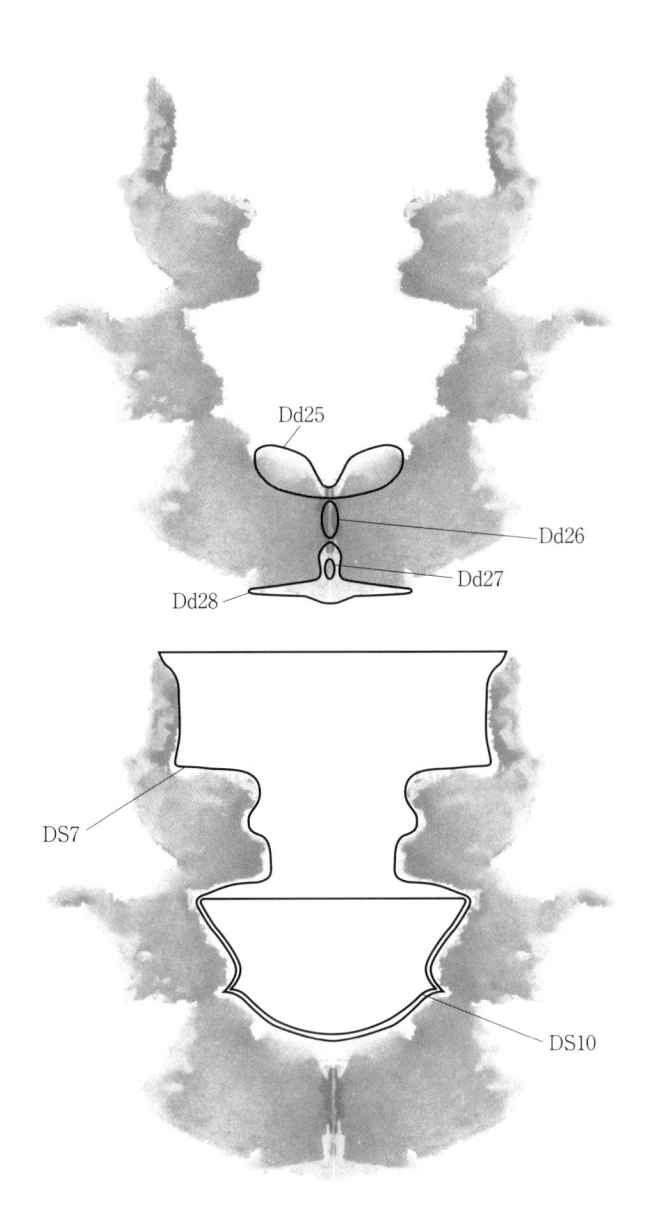

第 2 章　形態水準表　81

W

| | | |
|---|---|---|
| H | (o) | 鏡を見る女性 |
| | (o) | 影絵の2人 |
| | (o) | 人形2つ |
| | (o) | 人形2つ（オルゴールの上のキッス人形） |
| | <u>u</u> | 人間1人（∨）（D4を顔，Dd21を手，D9をスカート，D1を足）（がに股の人。時に頭のない人） |
| | o | 人間2人（少女・女性が多い） |
| | o | 人間2人（∨） |
| | o | 人間2人（D4を石・岩・台など） |
| Hd | u | かつら（∨） |
| | →o | 胸像2つ（台上の） |
| | − | 握りこぶし6つ |
| | − | 歯 |
| | − | 人の顔 |
| | u | 人の顔6つ |
| | <u>u</u> | 毛髪（∨） |
| | − | 両足（∨） |
| (H) | u | インベーダー（∨） |
| | →o | こびと・天使・妖精2人 |
| | →o | ピータパン2人の銅像 |
| (Hd) | − | 鬼の顔 |

| | | |
|---|---|---|
| A | →o | イヌ2匹と何か（D4を岩，餌，台など）（∨を含む） |
| | o | ウサギ2匹（D5を耳，D9を顔，Dd21を手，やや漠然と見る） |
| | o | ウサギ2匹と何か（左右D2をウサギ，D4を岩・シーソー・台など） |
| | − | カエル（∨） |
| | − | カニ（WS） |
| | − | クラゲ（∨） |
| | u | 魚6匹（D1・D3・Dd23を魚） |
| | u | 魚やキンギョ4匹と岩や藻（D1・D3を魚，D4を岩か藻） |
| | u | ゾウ2匹（D5を鼻，Dd21を前足，Dd23を胴体） |
| | u | 動物2匹（D9を横顔，D9内の上部を目，残りを体）（オオカミ・ネコ・動物など）（内側に口を開く） |
| | u | 動物2匹（∨）（Dd23を顔，Dd21を前足，D5を後ろ足） |
| | u | 動物2匹と餌など（∨） |
| Ad | <u>u</u> | ウシの顔（WSでデフォルメや角を強調） |
| | u | カエルの後ろ足（∨） |
| | − | カニの足（はさみ） |
| | o | カブトムシ・クワガタの角 |

Ⅶ

|     |     |     |     |     |     |
| --- | --- | --- | --- | --- | --- |
|     | −   | キツネの顔（WS） |     | −   | 布地 |
|     | o   | 動物の角（ウシ・シカ・トナカイ・動物の角） |     | u   | 帽子（∨） |
|     |     |     | Cl  | o   | 雲 |
|     | −   | ネコの顔（WS） | Ex  | u   | 爆発（∨を含む） |
| (A) | u   | 怪獣（∨） | Fd  | u   | おかき |
|     | u   | しゃちほこ2つ |     | <u>u</u> | クッキー（∨を含む） |
| An  | −   | 骨盤 |     | u   | クラッカー |
|     | −   | サメのあご骨 |     | <u>u</u> | 天ぷら（エビの天ぷら・イモの天ぷら・フライ・天ぷらなど） |
|     | −   | 腸 |     |     |     |
|     | −   | 骨 |     |     |     |
| Art | u   | エンブレム・マーク |     | u   | ビスケット |
|     | u   | 冠（∨） | Fi  | <u>u</u> | 煙（∨を含む） |
|     | u   | 香炉（∨） |     | u   | 炎 |
|     | u   | 水墨画 | Ge  | u   | 世界地図（∨） |
|     | u   | 彫刻（不特定） |     | −   | 地図（特定の国） |
|     | u   | ネックレス |     | o   | 地図（不特定）（海と陸の地図のWSを含む） |
|     | u   | ノッカー（飾った） |     |     |     |
| Ay  | u   | 飾りのある兜 | Hh  | u   | 椅子（WSとして，女王の座るような椅子） |
|     | u   | 埴輪・土偶1つ（∨）（D4を頭，Dd21を手，D1を足）（WSと見たり，壊れた状態をいう） |     |     |     |
|     |     |     |     | u   | 器・容器 |
|     |     |     |     | u   | 置物 |
|     | u   | 埴輪・土偶2つ |     | u   | 花瓶 |
|     | u   | ほお当て | →   | o   | 壺（断面を含む） |
| Bt  | u   | 海草（ワカメ・海草など） | Ls  | u   | 渓谷・断崖 |
|     |     |     |     | u   | サンゴ礁 |
|     | u   | サボテン |     | u   | 島 |
|     | u   | 花の断面 |     | u   | 洞窟（∨） |
|     | −   | 盆栽 |     | u   | 風景（WS）（上から見た風景。ゴルフ場と建物など） |
| Cg  | u   | 襟 |     |     |     |

第2章　形態水準表

| | | |
|---|---|---|
| Ma | u | 面（WS）（鬼か何かの面） |
| Na | →o | 入り江・湾と森（WS）（上から見た所） |
| | − | 宇宙 |
| | − | 林から見た空（WS） |
| Sx | − | 下半身と女性器 |
| Xy | − | 胸のレントゲン写真 |
| | u | レントゲン写真（不特定） |
| Id | − | しめ縄 |
| | u | 蹄鉄 |
| | − | マスク |
| | − | リンゴの皮 |

### D1

| | | |
|---|---|---|
| Hd | u | 握りこぶし（親指を立てた） |
| | o | 人の横顔（女性・子どもの顔が多い） |
| (Hd) | →o | 人間類似の横顔 |
| A | − | アンコウ |
| | o | ウサギ（D5を耳，その下方が頭，外を向いている） |
| | u | キンギョ（Dd24を頭の方） |
| | − | ゾウ（＞）（D5を鼻，D8を前足，Dd24を後足） |
| | u | 動物（∨）（Dd24を口のあたり，D8を足，D5を尾）（ネコ・タヌキ・リス・動物など） |
| | u | 鳥（D5を首から上，D8あたりを羽）（アヒル・ヒヨコ・ニワトリ・鳥など） |
| Ad | →o | イヌの顔（長い耳，ほえている） |
| | →o | ウサギの横顔 |
| | u | カエルの後ろ足（∨） |
| | →o | ゾウの頭 |
| (A) | u | しゃちほこ |
| Fd | u | エビの天ぷら |
| | u | ニワトリの手羽 |
| | u | ニワトリのもも肉 |
| | u | フライドチキン |

### D2

| | | |
|---|---|---|
| H | o | 女の子 |
| | o | 人間（女性が多い）（全身像か上半身かに注意することが望ましい） |
| | u | 人間（∨） |
| Hd | o | 人の上半身（女性・子ども・人間など） |
| (H) | →o | こびと |
| | →o | 天使・妖精 |
| A | o | イヌ（＞）（D3を頭，Dd21を前足，D5を後足，Dd24からD8を背中） |

|     |     |     |
| --- | --- | --- |
|     | o   | イヌ（＞）（D3 を頭，Dd24 を前足，D8 を後足，D5 を尾） |
|     | o   | ウサギ（D5 を耳，D9 を頭，D3 を胴，Dd21 を尾） |
|     | →o  | ゾウ（∨）（Dd21 を鼻） |
|     | <u>u</u> | タツノオトシゴ（∨） |
|     | u   | 動物（不特定） |
| (A) | (o) | こま犬（＞） |
|     | u   | しゃちほこ |
|     | (o) | 動物の玩具・ぬいぐるみ（イヌ・ウサギ・動物など） |
| Ge  | －  | アメリカ（∨） |
|     | u   | 地図（不特定） |

## D3

|     |     |     |
| --- | --- | --- |
| Hd  | o   | 人の顔 |
| (Hd)| u   | 悪魔の顔 |
|     | →o  | 鬼の顔 |
|     | u   | お化けの顔 |
|     | u   | 怪物の顔 |
| A   | u   | 魚（カワハギ・キンギョ・魚など。Dd21 を尾） |
|     | u   | ネコ（∨）（Dd21 を尾） |
| Ad  | u   | イヌの顔 |
|     | (o) | イノシシの頭 |
|     | <u>u</u> | クマの顔 |
|     | o   | ゾウの顔（∨） |
|     | <u>u</u> | 動物の顔（不特定） |
|     | o   | 鳥の頭（∨）（Dd21 をくちばし） |
|     | o   | ブタの頭 |
| Ma  | (o) | 鬼の面 |
|     | (o) | 能面 |
|     | u   | 面 |

## D4 （Dd23 も参照）

|     |     |     |
| --- | --- | --- |
| A   | u   | イヌ2匹（子イヌを含む） |
|     | u   | ウサギ2匹 |
|     | (o) | ガ（∨を含む） |
|     | o   | チョウ（∨を含む） |
|     | u   | 動物2匹 |
|     | u   | ブタ2匹 |
|     | u   | 虫（羽のある） |
| (A) | (o) | 動物2匹の置物・彫刻 |
| An  | u   | 骨盤 |
| Art | u   | リボン |
| Ls  | u   | 石・岩 |
| Xy  | －  | 胸のレントゲン写真 |
|     | u   | レントゲン写真（不特定） |

## D5

|     |     |     |
| --- | --- | --- |
| Hd  | u   | 人の横顔 |
| A   | －  | タツノオトシゴ |
| Ad  | →o  | しっぽ |
|     | u   | 角（シカ・ヒツジなど） |

| Cl | — | 雲 |
|---|---|---|
| Hh | u | 包丁 |

### D6

| Hd | u | 肛門 |
|---|---|---|
| An | u | 食道 |
|  | u | 尿道 |
| Sc | — | ペンチ |

### DS7

| Hd | <u>u</u> | ナポレオンの上半身（∨） |
|---|---|---|
| Ay | u | スフィンクス（∨） |
| Bt | — | 木 |
|  | u | キノコ（∨） |
|  | u | 花（∨） |
| Cl | u | キノコ雲（∨） |
| Hh | (o) | 器・鉢・容器 |
|  | u | 置物（∨） |
|  | u | 花瓶 |
|  | o | 壺（∨を含む） |
|  | u | 電気スタンド（∨） |
|  | u | 瓶の上部（∨）（香水瓶・洋酒瓶を含む） |
| Na | u | 池 |
|  | →o | 入り江 |
|  | →o | 湾 |
| Id | u | 建物（∨）（家・城など） |
|  | u | ドーム（∨） |

### D8

| Ad | u | 鳥の頭（＞） |
|---|---|---|
| Ls | u | 風景（遠景） |
| Na | u | つらら（∨） |

### D9

| Hd | →o | 人の横顔 |
|---|---|---|
| (Hd) | (o) | キューピットの顔 |
| Ad | →o | 動物の顔（サル・ライオン・動物など） |

### DS10

| Hd | u | 人の口 |
|---|---|---|
| Bt | u | イチョウの葉（∨） |
| Cg | u | スカート（∨） |
| Hh | u | 臼 |
|  | u | 電灯の笠（∨） |
| Sc | u | 釘の頭（∨） |
|  | u | ボルト（∨） |

### Dd21

| Hd | →o | 人の手 |
|---|---|---|
| Ad | u | ヘビの頭 |

### Dd22

| H | →o | 人間（∨を含む） |
|---|---|---|
| (A) | u | 動物（イヌなどの玩具）（Dd23を頭，Dd21を前足，D5を後足） |

| | | |
|---|---|---|
| Fd | − | ニワトリの足の肉 |
| Fi | →o | 煙 |
| Ge | − | アメリカ大陸 |
| | u | 地図（不特定） |

### Dd23 （D4 も参照）

| | | |
|---|---|---|
| Hd | →o | 人の顔（∨） |
| A | u | イヌ |
| | u | ウサギ |
| | u | 魚（不特定） |
| Bt | − | 葉 |
| Cg | − | 革靴 |
| Fd | u | ジャガイモ |
| | u | 食パン |

### Dd25

| | | |
|---|---|---|
| Na | u | 風景（夜明けなど） |

### Dd26

| | | |
|---|---|---|
| A | − | メダカ |

### Dd27

| | | |
|---|---|---|
| Hd | u | 肛門 |

### Dd28

| | | |
|---|---|---|
| H | u | 人間2人と道 |
| Na | u | 風景（日の出など） |

第 2 章 形態水準表　87

| Ⅷ　図 | P（D1：4本足の動物）<br>ZW = 4.5　ZA = 3.0　ZD = 3.0　ZS = 4.0 |
|---|---|

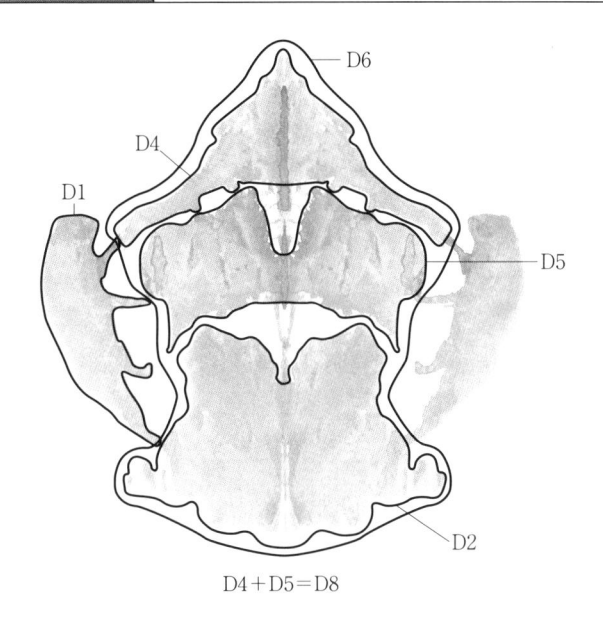

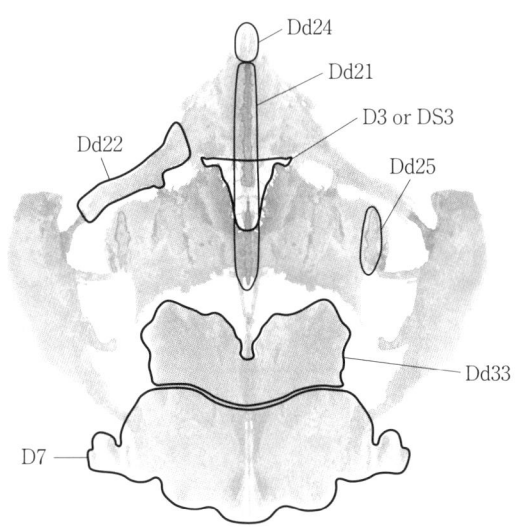

D4 + D5 = D8

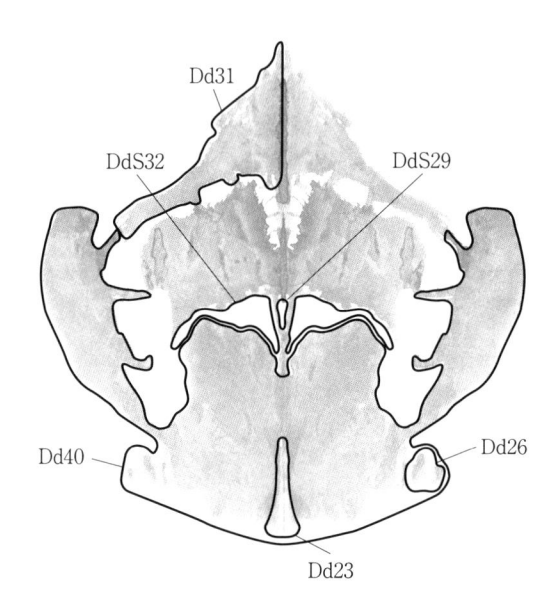

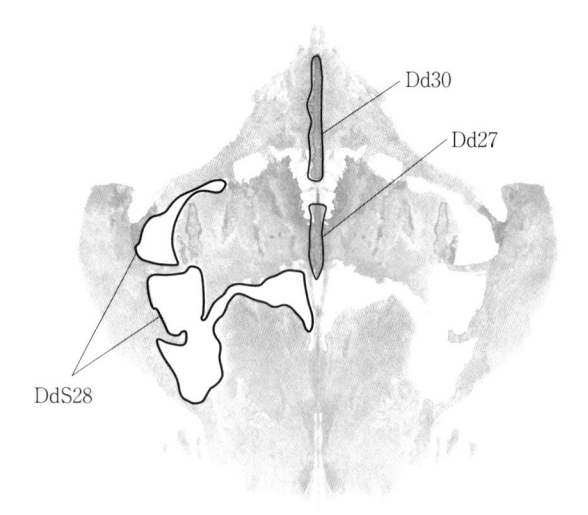

## W

| | | |
|---|---|---|
| Hd | o | 人の顔（ピエロの顔が多い。帽子やヘルメットなどをつけた顔も見られる）（D4を帽子や頭，D5を眼鏡や目，D1を耳や化粧，D2を鼻と口など） |
| | o | 人の顔（∨）（Dd40を毛髪，Dd33を眼鏡や目，D5を鼻，D4を口など） |
| | − | 人の上半身（∨） |
| (H) | u | 怪物・妖怪 |
| (Hd) | (o) | 宇宙人の顔（∨を含む） |
| | (o) | 怪物・仮面ライダー・魔王の顔 |
| A | − | エイ |
| | − | エビ |
| | − | カエル |
| | u | カブトガニ（∨を含む） |
| | − | カブトムシ |
| | u | カレイ |
| | u | 昆虫（不特定） |
| | u | 魚（熱帯魚を含む）（不特定） |
| | o | 動物と岩や木などとの反射（＞） |
| | o | 動物2匹と岩・山・木など（D1に記載した4本足の動物をD1に見る）（D1参照） |
| | u | 動物の集まり（D1をクマ，D4をオオカミ2匹などと部分領域を動物と見て，時に曲芸などという） |
| | − | 鳥 |
| Ad | u | カニの甲羅 |
| | u | 昆虫・虫の顔（∨）（D5を目，D4を口） |
| | u | サルの顔 |
| | − | 鳥の頭（∨）（D4をくちばし） |
| | u | トンボの顔（∨）（D2を目） |
| (A) | u | 怪獣（∨） |
| An | (o) | 解剖図（不特定） |
| | − | 骨盤 |
| | u | 魚の骨 |
| | − | 頭蓋骨 |
| | o | 内臓（不特定）（主に色彩から意味づけ） |
| | − | 内臓（D3を骨，D5を肺，D2を子宮など特定する） |
| Art | o | エンブレム・紋章（動物2匹の飾りのある） |
| | u | 王冠・冠 |
| | (o) | 家紋 |
| | u | 勲章 |
| | u | シャンデリア |
| | u | 装飾品（みこしの飾りを含む） |

|     |     |                                              |
| --- | --- | -------------------------------------------- |
|     | u   | トロフィー                                   |
|     | u   | 旗                                           |
| Ay  | －  | 化石                                         |
|     | u   | 兜                                           |
|     | u   | 鎧                                           |
| Bt  | (o) | 押し花                                       |
|     | u   | 球根                                         |
|     | (o) | つぼみ                                       |
|     | o   | 花（∨）（アジサイ・アヤメ・グラジオラス・ブーゲンビリア・ラン・花など）（∧を含む） |
|     | (o) | 花の断面図                                   |
| Cg  | u   | ヘルメット（装飾のついた）                   |
|     | －  | 水着                                         |
| Ex  | －  | 爆発                                         |
|     | －  | 花火（∨）                                    |
| Fd  | u   | アイスクリーム（∨を含む）（容器を含むことあり） |
|     | u   | かき氷                                       |
|     | u   | 果物の盛り合わせ・断面                       |
|     | －  | ケーキ                                       |
|     | －  | シソの天ぷら                                 |
|     | u   | トマトの輪切り                               |
|     | －  | ハム                                         |
| Ge  | u   | 地図（気候区分地図・色彩地図など不特定）     |

|     |     |                                              |
| --- | --- | -------------------------------------------- |
| Hh  | (o) | 器・容器                                     |
|     | u   | 置物                                         |
|     | (o) | 花瓶                                         |
|     | o   | 壺（茶碗を含む）                             |
|     | u   | ランプ                                       |
| Ls  | u   | 火山の断面（マグマを含む）                   |
|     | u   | サンゴ礁                                     |
|     | u   | 風景の反射（＞）                             |
| →   | o   | 山（紅葉・夕暮れ・花畑などのある風景）       |
| Ma  | o   | 仮面・面（∨を含む）                          |
| Na  | u   | 噴水（∨）                                    |
| Sc  | u   | 宇宙船・UFO                                  |
|     | －  | 飛行機                                       |
|     | u   | 船（D5を帆，D2を船首が多い）                 |
| Xy  | u   | CTの画像（不特定）                           |
|     | －  | 脳のCT                                       |
|     | －  | 肺のレントゲン写真                           |
| Id  | u   | 宇宙の模式図                                 |
|     | u   | おとぎ話の馬車                               |
|     | u   | サーカス小屋                                 |
|     | －  | ハルマゲドン                                 |
|     | u   | メリーゴーランド                             |

D1

|     |     |                                              |
| --- | --- | -------------------------------------------- |
| H   | u   | 人間（D8を家，D2を舞台と見て，関係づけるなど） |

|      |     |                                    |
| ---- | --- | ---------------------------------- |
| (H)  | u   | ロボット                           |
| A    |     | （4本足の動物に含まれるが，単独で2％以上の出現率があり，oとなる反応は，4本足の動物以外に別掲した） |
|      | o   | イタチ                             |
|      | −   | エビ                               |
|      | −   | カエル                             |
|      | o   | カメレオン                         |
|      | −   | クジラ（Dd99として足の部分を除けばu） |
|      | o   | クマ                               |
|      | <u>u</u> | サル                          |
|      | o   | タヌキ                             |
|      | o   | 動物（アライグマ・イグアナ・イノシシ・イモリ・オオカミ・カワウソ・キツネ・チータ・テン・ナマケモノ・4本足の動物など） |
|      | o   | トカゲ                             |
|      | o   | トラ                               |
|      | o   | ネコ                               |
|      | o   | ネズミ                             |
|      | o   | ヒョウ                             |
|      | u   | ムササビ                           |
|      | u   | 虫                                 |
| Fd   | u   | サツマイモ                         |
| Fi   | u   | 火                                 |
| Na   | −   | 赤い水                             |
| Id   | −   | セミの抜け殻                       |

## D2

|      |     |                                    |
| ---- | --- | ---------------------------------- |
| H    | u   | 人間1人（∨）（歌舞伎役者を含む）   |
|      | u   | 人間2人（背中合わせ）              |
| Hd   | −   | ちょんまげ（∨）                    |
|      | o   | 人の顔（∨）（お婆さんの顔・赤ん坊の顔などを含む） |
| (H)  | u   | 怪人（∨）（悪魔・モンスターを含む）（∧を含む） |
| (Hd) | u   | 鬼の顔                             |
| A    | u   | カエル2匹                          |
|      | o   | チョウ（∨）（∧を含む）             |
|      | u   | 動物2匹（背中合わせ）（クマ・ライオン・トラ・動物など） |
| Ad   | u   | ウシの顔2つ（∨）（左右に）        |
|      | o   | 動物の顔（∨）（イヌ・ウシ・ブルドッグ・サル・ネコ・動物など）（∧を含む） |
|      | −   | トンボの頭                         |
| (A)  | u   | 怪獣（∨）                          |
| An   | −   | 骨盤                               |
|      | −   | 子宮                               |
|      | −   | 心臓                               |
|      | u   | 内臓                               |
| Art  | −   | 冠                                 |

| | | |
|---|---|---|
| Bt | (o) | 押し花 |
| | o | 花（アサガオ・アヤメ・カトレア・グラジオラス・スイトピー・ハイビスカス・パンジー・花など） |
| Cg | u | 上着・洋服・着物（∨） |
| | u | コルセット |
| | u | スカート |
| | u | ベスト・ボレロ |
| Fd | u | 飴・ゼリー |
| | u | シャーベット |
| | − | リンゴ |
| Fi | u | 火・炎 |
| | u | マグマ |
| Ls | u | 岩 |
| | u | 鍾乳洞 |
| Na | u | 夕日の風景 |
| Xy | − | 脳のCT |

### D3／DS3

| | | |
|---|---|---|
| Hd | − | のど |
| | u | 人の顔 |
| A | − | ヤゴ |
| Ad | u | 動物の顔 |
| An | u | 魚の骨 |
| | u | 骨 |
| | u | 肋骨 |
| Id | − | 濡れた紙 |

### D4

| | | |
|---|---|---|
| H | u | 人間1人（開脚の姿） |
| | u | 人間2人（背中合わせに何かにもたれる） |
| (H) | u | 人魚2人（背中合わせに何かにもたれる） |
| A | − | エイ |
| | − | エビ |
| | u | エビ2匹 |
| | u | オオカミ2匹と何か（中央の何かとオオカミ） |
| | <u>u</u> | カエル |
| | u | カニ |
| | − | カブトムシ |
| | − | サソリ |
| | − | ザリガニ1匹 |
| | u | ザリガニ2匹と何か |
| | − | 鳥 |
| Ad | u | 甲殻類の頭（エビを含む） |
| | u | 魚の頭（オコゼ・サメ・魚など） |
| (A) | u | 怪獣 |
| An | − | 子宮（∨） |
| Art | u | 凧 |
| Ay | u | ピラミッドの上部 |
| Bt | →o | 木 |
| | (o) | クリスマスツリー |

|     |     |                                    |
| --- | --- | ---------------------------------- |
|     | u   | 根                                  |
| Ls  | o   | 山（ヒマラヤ・富士山を含む）                    |
| Sc  | u   | 船首                                 |
|     | u   | 飛行機・ジェット機                          |
| Id  | u   | 小屋（テント張り）                          |

## D5

|      |      |                                               |
| ---- | ---- | --------------------------------------------- |
| (H)  | u    | 怪人（D5左右を翼やマント，Dd27辺りを顔と胴）            |
| A    | (o)  | ガ（∨を含む）                                    |
|      | o    | コウモリ（∨）                                    |
|      | o    | チョウ                                         |
|      | u    | 鳥                                           |
|      | u    | 翼竜                                          |
| (A)  | u    | 怪鳥                                          |
| An   | —    | 骨盤（∨）                                      |
|      | —    | 肺                                           |
|      | —    | 肋骨                                          |
| Art  | —    | かんざし                                        |
|      | o    | 旗2つ                                         |
| Bt   | —    | サボテン（∨）                                    |
|      | —    | 葉                                           |
| Cg   | u    | パンツ（∨）                                     |
|      | u    | ブラジャー                                      |
| Fd   | —    | ピーマン2つ                                     |
|      | u    | 焼きノリ2枚                                     |
| Hh   | u    | 敷物（破れた）                                    |

|     |     |                              |
| --- | --- | ---------------------------- |
|     | u   | むしろ（破れた）                    |
| Ls  | u   | 岩                           |
|     | u   | 氷山                          |
| Xy  | —   | 内臓のレントゲン写真                  |
|     | —   | 肺のレントゲン写真                   |
| Id  | u   | 帆                           |

## D6（D4＋D5＋D2）

|      |      |                                    |
| ---- | ---- | ---------------------------------- |
| A    | —    | カエル                               |
|      | —    | 魚                                 |
|      | —    | チョウ（ガ）3匹                         |
| Ad   | —    | 昆虫の顔（∨）                          |
| An   | u    | 内臓（不特定）                          |
|      | —    | 骨                                 |
| Bt   | u    | 海草                                |
|      | u    | 木                                 |
|      | u    | クリスマスツリー                         |
|      | →o   | 花（∨）（ハイビスカス・花など）               |
| Cg   | —    | ドレス（∨）                           |
| Ls   | u    | 岩                                 |
|      | →o   | 火山の断面                            |
|      | u    | 森（夕焼けの森を含む）                     |
|      | →o   | 山の景色（山と花畑を含む）                  |
| Sc   | u    | 宇宙船                              |
|      | u    | 飛行機                              |
|      | u    | 船・難破船                           |

|   |   |   |
|---|---|---|
|   | u | ロケットと噴射の火（D8をロケット） |
| Xy | － | レントゲン写真 |
| Id | u | 貝 |
|   | － | カビ |

## D7

| (H) | u | 怪物（∨） |
| (Hd) | u | 魔物の顔（∨） |
| A | u | カタツムリ2匹（∨） |
|   | u | チョウ |
|   | u | ネコ2匹 |
| Fd | u | アイスクリーム |
| Fi | u | 火 |

## D8 (D4 + D5)

| Hd | － | 人の顔（DS3を鼻，その横の空白部を目） |
| (Hd) | <u>u</u> | 怪物・妖怪・霊の顔（∨）（D5を目） |
| A | － | エイ |
|   | － | カニ |
|   | － | クマゼミ |
| Ad | － | 動物の顔 |
| (Ad) | u | 怪獣の顔（∨） |
| An | － | 骨 |
| Ay | u | 兜 |
| Bt | →o | 木 |
|   | →o | 木と影 |

|   |   |   |
|---|---|---|
|   | u | クリスマスツリー |
|   | － | 葉 |
| Ls | u | 岩 |
|   | u | 森 |
|   | →o | 山の風景（山と畑や湖など） |
| Ma | u | 仮面 |
| Na | u | 氷河 |
| Sc | u | ジェット機 |
|   | u | 船（∨） |
|   | u | 帆のある船 |
|   | u | ロケット |

## Dd21

| A | － | トンボの死骸（∨） |
| Na | u | 川 |

## Dd22

| Hd | u | 手 |
| (Hd) | u | 妖怪の手 |
| Bt | u | 枝 |

## Dd23

| Na | u | 滝 |

## Dd24

| Hd | u | 人の手（合掌） |
| Ad | u | エビの頭 |
|   | u | くちばし |

### Dd26

| | | |
|---|---|---|
| Ad | u | イヌの頭（<） |
| Ay | u | スフィンクス（<） |

### DdS28

| | | |
|---|---|---|
| H | u | 女の人（∨） |
| (A) | u | 怪鳥（∨） |

### Dd30

| | | |
|---|---|---|
| A | u | ケムシ |

### DdS32

| | | |
|---|---|---|
| A | u | 鳥 |

### Dd33

| | | |
|---|---|---|
| Hd | u | 扁桃腺 |
| Ad | u | カエルの頭2つ |
| | u | 魚の頭2つ |
| Ls | u | 岩 |

### Dd40

| | | |
|---|---|---|
| Bt | o | 花（アヤメなどを含む）（∨を含む） |
| →  | o | 花の断面図 |
| Ex | u | 花火（∨） |

| IX 図 | P なし<br>ZW = 5.5  ZA = 2.5  ZD = 4.5  ZS = 5.0 |

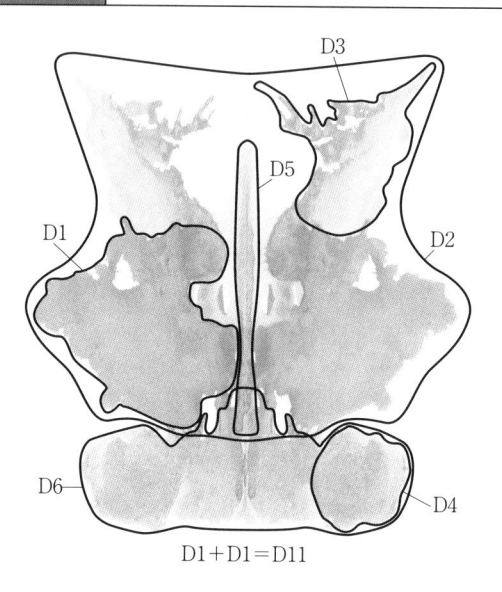

D3
D5
D1
D2
D6
D4

D1＋D1＝D11

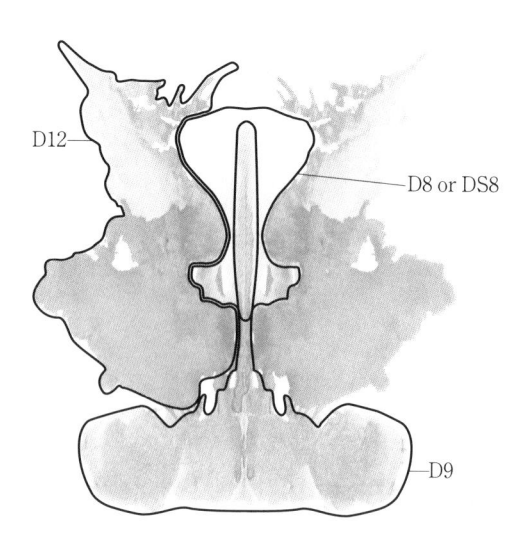

D12
D8 or DS8
D9

第 2 章　形態水準表　97

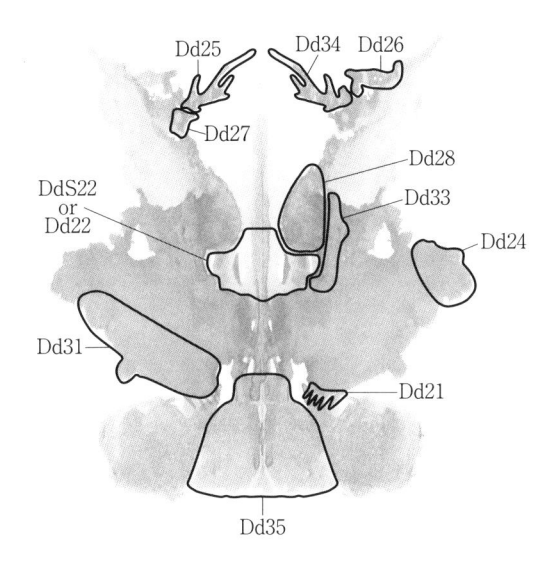

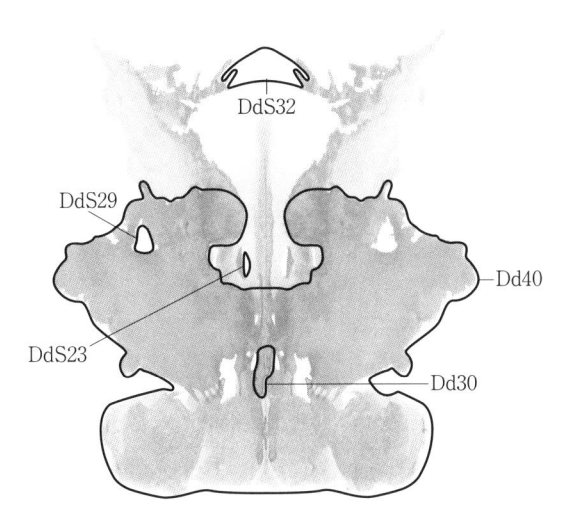

| | | **W** | |
|---|---|---|---|
| H | o | 人間1人（∨）（D6を笠や帽子，D11を体，D3を足）（飾りや衣装をつけた女性，三度笠姿など） | |
| | <u>u</u> | 人間2人（∨）（女性，ピエロがもたれあう） | |
| | o | 人間2人と火（D3を人間，消防士，祈とう師，ピエロなど，他を火や気球など） | |
| Hd | u | 人の顔（D3を帽子や毛髪，DdS29を目，D6を衣服の上部） | |
| | u | 人の顔（∨）（DdS23を目，D6を飾りや帽子，D11を毛髪，D3をひげと見たり，毛布をかぶった顔など） | |
| | u | 人の顔2つ（外向き。D3を帽子や毛髪，D1を顔，Dd29を目，D6を服の襟） | |
| (H) | (o) | インベーダー・宇宙人（∨） | |
| | (o) | 怪人・魔法使い・妖怪（∨） | |
| | — | ハエ男（∨） | |
| | →o | 魔女2人と鍋と火（D3を魔女，D11を鍋，D6を火） | |
| | →o | 妖精2人と火と煙 | |
| | u | ロボット（∨） | |

| | | | |
|---|---|---|---|
| (Hd) | (o) | 悪魔の顔 | |
| | (o) | 宇宙人の顔 | |
| | (o) | 宇宙人の上半身（DdS23を目，D8を顔，D6を服） | |
| | (o) | えんまの顔 | |
| | →o | 鬼の顔（火を吹くを含む） | |
| | (o) | 怪人の顔（仮面ライダーを含む） | |
| A | — | イソギンチャク | |
| | — | カエル | |
| | — | カブトムシ | |
| | u | クラゲ（∨） | |
| | u | クラゲとエビや海草（∨） | |
| | — | 昆虫・虫 | |
| | — | ザリガニ（D3をはさみ，D6を尾） | |
| | — | セミ（∨）（D6を目，D5をくちばし） | |
| | u | ゾウ（∨） | |
| | →o | タツノオトシゴ2匹と海草（D3をタツノオトシゴ，他を海草） | |
| Ad | →o | ウシ・ウマの顔と火（DS8を顔） | |
| | — | 昆虫・虫の顔（カマキリ・バッタ・虫など） | |
| | — | 深海魚の顔 | |
| | o | 動物の顔（イヌ・ウシ・オオカミ・ネコ・動物など） | |

第2章　形態水準表　99

| | | | | | |
|---|---|---|---|---|---|
| | <u>u</u> | 動物の顔と何か（飾り・茂み・花・火などとDdS22辺りの顔）（イヌ・ウサギ・サル・ブタなど） | | u | クリスマスツリー（∨） |
| (A) | u | 怪獣（∨） | | u | 植物（∨）（D6を球根，D11を葉，D3を花びらや実） |
| | u | 怪物（セミやハエの化け物）（∨） | | o | 花（バラ・ラン・花など） |
| | u | ダンボ（∨） | →o | | 花の下にインコ・オウム2羽（∨）（D3を鳥） |
| (Ad) | u | 怪獣の顔 | →o | | 花の下に人間2人（∨）（D3を人間） |
| | →o | 竜2匹の顔と火（D3を竜） | Cg | u | ドレス（∨） |
| An | − | 頭蓋骨・どくろ | | u | 舞台衣装（∨） |
| | − | 内臓（肝臓・腎臓など特定） | Cl | →o | キノコ雲（原爆雲）（∨） |
| | u | 内臓（不特定） | | (o) | 雲 |
| Art | u | 王冠 | Ex | →o | 爆発（原爆の爆発） |
| | u | 飾り・装飾品（水晶とサンゴの飾りなど） | | (o) | 花火（∨） |
| | u | 香炉（∨） | | o | 噴火（∨）（D6を噴火，D11を火山，D3をマグマ）（∧でD3を噴火，D6をマグマと見る） |
| | − | シャンデリア | Fd | <u>u</u> | アイスクリーム（と容器）（∨）（∧を含む） |
| | u | 抽象画（地獄絵など) | | u | エビの天ぷら2つと野菜（D11をシソの葉，D6をショウガなど） |
| | <u>u</u> | トロフィー（優勝カップ） | →o | | 野菜（ニンジン・ブロッコリー・ダイコン・トマト・ハクサイ・野菜など） |
| Ay | u | 弥生土器 | | | |
| Bl | − | 血 | | − | リンゴ（つぶれた） |
| Bt | − | アロエ | Fi | o | 火事（山火事を含む） |
| | (o) | 生け花 | →o | | 聖火 |
| | (o) | 押し花 | | | |
| | →o | 海草 | | | |
| | u | 木（∨） | | | |

| | | | | | |
|---|---|---|---|---|---|
| | | o | 火・炎 | Xy | － | 内臓のレントゲン写真 |
| | →o | 火と煙（噴煙） | Id | u | 絵の具 |
| | →o | 火と容器と食べ物・煙・湯気（D6を火，D11を容器，D3をエビや湯気など） | | － | オーラ |
| | | | | u | 体の温度分布図 |
| | | | | u | サンゴ |
| | →o | 火につつまれたグラス（DS8をグラス） | | － | セミの抜け殻 |

## D1 (D11 参照)

| | | |
|---|---|---|
| Ge | u | 地図（不特定） |
| | － | ヨーロッパ地図 |
| Hh | →o | 飾りのついた容器（器・グラス・壺など） |
| | o | 花瓶 |
| | →o | 花瓶と花（D6を花瓶） |
| | － | 電気スタンド |
| | － | まわり灯籠（∨） |
| | o | ランプ |
| | →o | ランプと火 |
| Ls | (o) | 火山（噴火の場合はEx） |
| | u | サンゴ礁 |
| | →o | 滝のある風景（岩・森・茂みと滝） |
| | →o | 風景・景色（田舎・山の風景，夕焼けなど） |
| | →o | 風景の反射（＞）（森・夕焼けの反射） |
| | (o) | 森（∨） |
| Ma | →o | 鬼の面 |
| | o | 面・仮面 |
| Na | － | 雲と雨と雷（∨） |
| | u | 噴水 |

| | | |
|---|---|---|
| H | u | 女性（Dd28近くを頭）（スカートを持つ，踊るなど） |
| | o | 人間（＜）（Dd24を頭）（笛を吹く，乗り物に乗る，マントを着る人など） |
| Hd | o | 人の顔（DdS29を目，Dd24を鼻） |
| | u | 人の顔（＜）（Dd21を毛髪，Dd24辺りを口とあご） |
| | u | 人の顔（＜）（Dd24を毛髪と額，その下に目，Dd31を鼻） |
| (H) | (o) | 大男・巨人（＜） |
| | (o) | こびと（＜） |
| A | u | イヌ（＜）（D3に近い所を頭） |
| | u | イノシシ・ブタ（∨）（D5の方向が鼻） |
| | o | クマ（＜）（Dd24を頭） |
| | u | ゴリラ・サル（＜） |
| | u | シチメンチョウ（∨） |

## 第2章 形態水準表

|   |   |   |
|---|---|---|
|   | u | ゾウ（＜） |
|   | u | 動物（＜）（不特定。Dd24を頭） |
| Ad | o | 動物の顔（∨）（Dd24を鼻, DdS29を開いた口）（イヌ・カバ・サイ・ライオン・トラ・動物など） |
|   | u | 動物の顔（D5の方向を鼻）（ブタなど） |
|   | u | 動物の顔（DdS29を目。外向きの横顔）（イヌなど） |
|   | － | 鳥の頭 |
| Bt | →o | 海草（ワカメ・海草など） |
|   | u | 木の茂み |
|   | →o | 葉 |
| Fd | (o) | サラダ菜 |
| Ge | － | アメリカ大陸 |
|   | u | 地図（不特定） |
| Hh | u | 蚊取り線香の容器（ブタの形） |
|   | － | 壺 |
| Ls | (o) | 森 |
| Ma | (o) | 横から見た面 |
| Id | u | パレット（DdS29を持つ所） |

### D2

| Hd | u | 人の顔 |
|---|---|---|
| (Hd) | →o | 鬼の顔 |
|   | (o) | 怪物の顔 |
| Ad | u | ウサギの顔と草むら（DS8の青色を耳。草むらの後ろの顔） |
| Ay | u | 兜 |
| Bt | →o | 海草 |
|   | →o | 木（∨） |
|   | →o | 木と鳥2羽（∨） |
|   | →o | 木と人間2人（∨） |
|   | u | 木と人の反射（＞）（D3を木, D1を人間） |
|   | o | 花（カンナ・ラン・花など） |
| Ex | →o | 火山の爆発 |
| Fd | →o | ダイコン2本と葉（∨） |
|   | →o | ニンジン2本と葉（∨） |
| Fi | →o | 聖火と聖火台 |
| Hh | (o) | ランプ |
| Ls | (o) | 風景（夕焼けの森） |
| Ma | →o | 鬼の面 |
|   | →o | 面・仮面 |
| Id | － | 割れた貝 |

### D3

| H | o | 人間（ピエロを含む）（カメラ・バイオリン・銃・釣り竿をもつ人など） |
|---|---|---|
| (H) | (o) | 悪魔・鬼・魔法使い |

|  |  |  |
|---|---|---|
| | (o) | こびと（V） |
| | (o) | 火の精 |
| | (o) | 女神 |
| (Hd) | (o) | 化け物の顔 |
| A | (o) | イセエビ |
| | o | エビ |
| | u | カニ |
| | — | カブトムシ・クワガタ |
| | — | カマキリ |
| | — | 昆虫・虫（不特定） |
| | (o) | ザリガニ |
| | o | タツノオトシゴ |
| | (o) | トナカイ・シカ（<） |
| | →o | 鳥（V）（インコ・フクロウ・鳥など） |
| Ad | — | カニの足 |
| | u | 角（左右ともに） |
| (A) | (o) | 怪獣 |
| | o | 竜・ドラゴン |
| (Ad) | (o) | 竜の頭 |
| An | — | 心臓 |
| Art | u | 髪飾り |
| Bl | u | 血 |
| Bt | u | 株（V） |
| | u | 根（V） |
| Ex | →o | 噴火（左右ともに） |
| Fd | →o | ダイコン |
| | →o | ニンジン |
| | — | メンタイコ |
| Fi | (o) | 火事 |
| | →o | 火・炎 |
| Ge | — | イギリス |
| | u | 地図（不特定） |
| Mu | — | コントラバス |
| Id | u | サンゴ |
| | — | セミの抜け殻 |

### D4

|  |  |  |
|---|---|---|
| H | →o | 人の顔（<）（赤ん坊・お爺さんなど） |
| A | u | キンギョ |
| Ad | u | 顔（イヌ・ネコなど） |
| Fd | (o) | 果物 |
| | →o | モモ |
| | →o | リンゴ |

### D5

|  |  |  |
|---|---|---|
| H | u | 仏像 |
| A | u | ヘビ |
| Fi | →o | ろうそくの火 |
| Ls | u | 水に映る山の風景（<） |
| Na | →o | 滝 |
| Sc | u | 刀・剣 |
| | u | 槍 |
| Id | u | 棒 |

## D6

| | | |
|---|---|---|
| H | o | 赤ん坊2人（<） |
| | (o) | 胎児2人（<） |
| Hd | u | 4人の顔（∨） |
| A | u | 動物左右2匹（∨）（D5の方に向いている）（イヌ・ネコ・動物など） |
| | − | 鳥（∨）（羽を広げたフクロウ・ワシ・鳥など） |
| Ad | <u>u</u> | カニ（甲羅） |
| | − | カマキリの顔 |
| | − | トンボの目 |
| | − | ハエの目 |
| An | − | 内臓 |
| Art | u | 王冠（∨） |
| Bt | u | 球根 |
| | (o) | つぼみ |
| | o | 花（サクラ・チューリップ・ハス・バラ・花など） |
| Cg | u | 襟 |
| Cl | (o) | 雲（∨） |
| | →o | 原爆雲（∨） |
| Ex | (o) | 爆発 |
| | →o | 噴火 |
| Fd | u | サクラ漬け（∨） |
| | − | サツマイモ |
| | o | モモ4個 |
| | →o | リンゴ4個 |
| Fi | →o | 火・炎 |
| | u | 綿菓子（∨） |
| Ls | u | 岩 |
| Na | u | 赤い液体 |
| Id | u | グローブ4個 |
| | − | マキ貝2つ |

## D8／DS8

| | | |
|---|---|---|
| H | u | 人間（∨）（DdS22を腕，その上に顔，DS8を足と衣服） |
| A | − | 原生動物 |
| Ad | o | ウシの顔 |
| | o | ウマの顔 |
| | u | 動物の顔（ウサギ・サルなど） |
| An | − | 眼球の断面図（>） |
| | − | 子宮 |
| Cl | u | 雲 |
| Fd | u | リンゴの断面 |
| Hh | →o | 花瓶 |
| | u | 砂時計 |
| | →o | 容器（グラス・壺など） |
| | →o | ランプ |
| Ls | u | 島と煙（>） |
| Mu | o | 楽器（バイオリン・ギター・楽器など） |
| Na | u | 蜃気楼 |
| | →o | 滝 |

|      |       |                          |
|------|-------|--------------------------|
|      | −     | 水飲み場                 |
| Id   | u     | 宮殿                     |
|      | −     | 原爆ドーム               |

### D9

|      |       |                          |
|------|-------|--------------------------|
| A    | −     | カブトガニ               |
| Ad   | −     | カの頭（針がある）       |
|      | −     | セミの頭（口がある）     |
|      | u     | ゾウの頭                 |
| An   | −     | 脳細胞                   |
| Bt   | u     | 球根と芽（∨）           |
|      | →o    | 花（チューリップ・レンゲ・花など） |
| Cl   | →o    | キノコ雲・原爆雲（∨）   |
| Ex   | →o    | 噴火                     |
| Fd   | (o)   | 茎についた果物           |
| Hh   | u     | 傘（∨）                 |
|      | →o    | 燭台とろうそく           |
|      | u     | 栓抜き（∨）             |
|      | u     | ビーチパラソル（∨）     |
|      | u     | ランプ（∨）             |
| Na   | u     | 噴水（∨）               |

### D11（左右D1に同じ概念を知覚している場合は，D1参照）

|      |       |                          |
|------|-------|--------------------------|
| An   | u     | 骨盤                     |
|      | −     | 肺                       |
| Bt   | →o    | 海草                     |
|      | u     | 木（∨）                 |

|      |       |                          |
|------|-------|--------------------------|
| Ge   | u     | 地図（不特定）           |
| Hh   | u     | 傘                       |
|      | u     | コンポート               |
| Ls   | (o)   | 森（∨）                 |
|      | →o    | 山（∨）                 |
| Na   | −     | 気体                     |

### D12

|      |       |                          |
|------|-------|--------------------------|
| H    | u     | 人間とウマ（＜）         |
| Hd   | −     | 人の横顔（∨）           |
| A    | →o    | タツノオトシゴと海草     |
| Fd   | →o    | ニンジンと葉（∨）       |
| Ge   | −     | アメリカ大陸（∨）       |

### Dd21

|      |       |                          |
|------|-------|--------------------------|
| Ad   | u     | 爪（クマ・動物など）     |

### Dd22／DdS22

|      |       |                          |
|------|-------|--------------------------|
| Hd   | u     | 鼻の穴                   |
| (H)  | −     | 子宮内の胎児             |
| (Hd) | u     | 怪物・幽霊の顔と目       |
|      | u     | ハロウィーンのお化け     |
| Ad   | u     | 動物の顔（ネズミの顔も含む） |
|      | u     | 動物の鼻（ウマ・ブタなどの鼻を含む） |
| (Ad) | u     | 怪獣の顔                 |
| Fd   | u     | カキを切った所           |
|      | u     | カボチャ                 |

|     | u   | リンゴ（芯の辺り） |
| --- | --- | --- |
| Ls  | u   | 洞窟 |
| Id  | u   | 石灯籠 |
|     | u   | 刀のつば |

### Dd23

| Hd   | u | 鼻の穴 |
| --- | --- | --- |
|      | u | 目 |
| (Hd) | u | お化けの目 |
| Bt   | u | カキの種 |

### Dd24

| Ad | →o | 動物の頭 |
| --- | --- | --- |

### Dd25

| (Hd) | u | ETの指 |
| --- | --- | --- |

### DdS29

| Hd | →o | 目 |
| --- | --- | --- |

### Dd30

| Ad | u | ヘビの頭 |
| --- | --- | --- |

### Dd31

| Hd | (o) | 人の横顔 |
| --- | --- | --- |

### Dd34

| Hd | − | 人の手 |
| --- | --- | --- |

| A   | u   | 動物（∨） |
| --- | --- | --- |
| Ad  | →o  | エビの手 |
|     | u   | カブトムシの角 |
|     | (o) | シカの角 |
| Bt  | u   | 枝 |
| Id  | u   | サンゴ |
|     | u   | 吊り橋（左右をつなぐ） |
|     | u   | 門（左右をつなぐ） |

### Dd35

| Ad | u | カニの甲羅 |
| --- | --- | --- |
| Hh | − | アルコールランプ |

### Dd40

| (Hd) | u   | 怪物の顔 |
| --- | --- | --- |
| An   | −   | 内臓 |
| Bt   | →o  | 海草と岩 |
|      | o   | 花（∨）（シクラメン・チューリップ・彼岸花・花など） |
| Ex   | →o  | 山の噴火（∨） |
| Fd   | (o) | 赤カブ・ラディシュと葉 |
|      | u   | 果物 |
|      | →o  | 野菜 |
| Ge   | u   | 地図（不特定） |

| X 図 | P なし<br>ZW = 5.5  ZA = 4.0  ZD = 4.5  ZS = 6.0 |
|---|---|

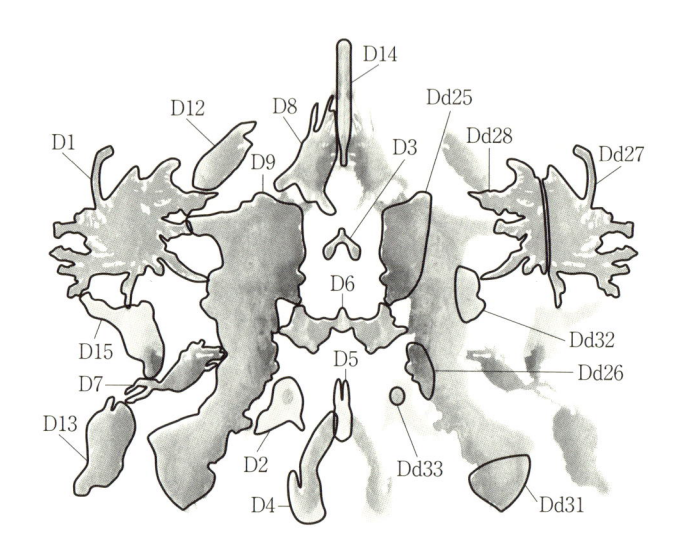

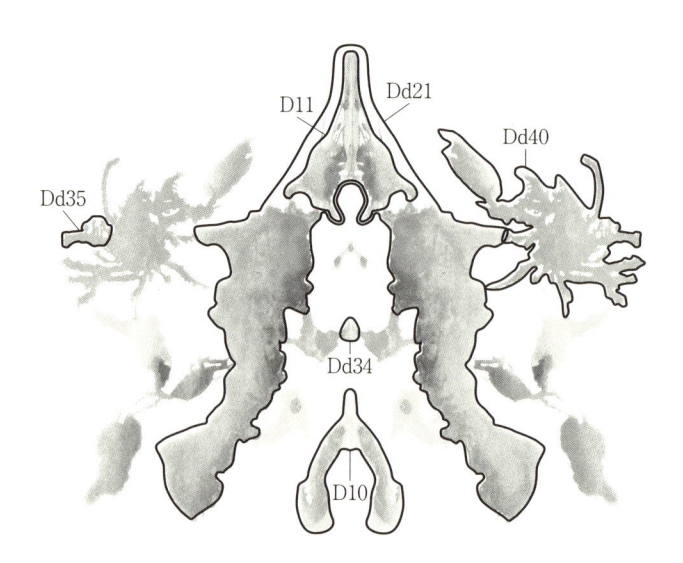

第 2 章　形態水準表　107

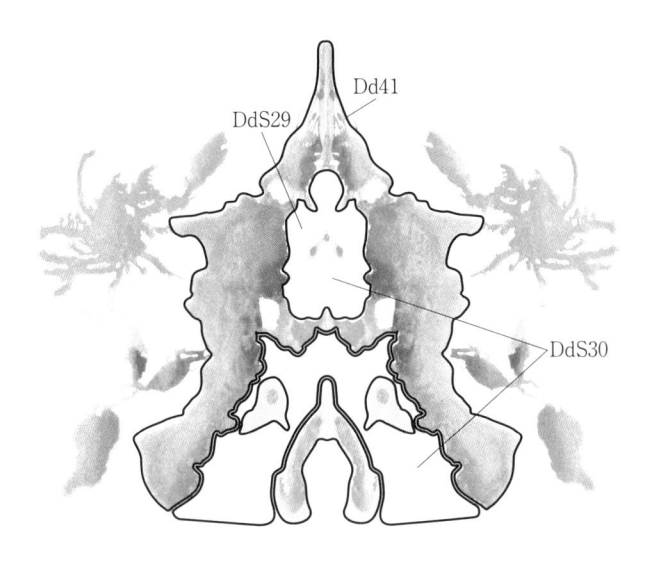

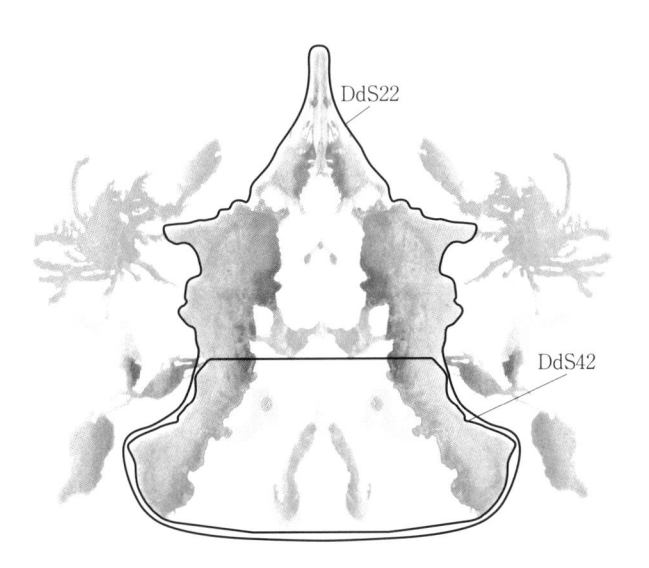

X

| | | | | | |
|---|---|---|---|---|---|
| **W** | | | | − | チョウ |
| H | → o | 人間1人（派手な衣装をつけた人）（DdS22を王様・歌舞伎役者・チアガールなど） | | − | チョウの集まり |
| | | | | o | 動物・小動物の集まり |
| | | | | (o) | 鳥・小鳥の集まり |
| | o | 人間2人と何か（D9を人間。他を怒りなどの感情や悪魔・動物・虫など） | | o | 微生物の集まり（アミーバ・細菌・バクテリアなど） |
| | o | 人の集まり（踊り・祭・サーカスなど） | | (o) | ミジンコ・プランクトンなどの集まり |
| | | | | (o) | 虫と鳥の集まり |
| Hd | o | 人の顔と飾り（DdS22を顔，他を飾り。王様・歌舞伎役者などの顔） | | (o) | 虫と花 |
| | | | Ad | − | 羽毛の集まり |
| | → o | 人の顔と何か（飾りでなく，感情や怪獣・虫など） | | → o | 動物の顔と飾り（∨） |
| | | | | → o | ヒツジ・ヤギの顔と飾り（∨） |
| (H) | (o) | 異星人 | (A) | (o) | 架空の動物・小動物の集まり（踊りなど） |
| | (o) | 鬼・天狗・魔法使い | | | |
| | o | 人間類似のものの集まり（悪魔・小悪魔・こびと・妖怪・妖精などの集まりや祭） | An | − | 内臓（特定） |
| | | | | u | 内臓（不特定） |
| | | | Art | (o) | 絵画（ミロなど現代絵画） |
| | u | 妖精 | | u | 飾り（クリスマス・パーティなどの） |
| (Hd) | (o) | 魔王・怪物の顔と飾り | | | |
| A | − | アリの集まり（アリと巣） | | u | 壁掛け |
| | | | | u | 水彩画 |
| | − | カニ | | u | ステンドグラス（壊れた） |
| | o | 昆虫や虫の集まり（昆虫採集の標本・デザイン・壁画なども含む） | | u | デザイン・模様 |
| | | | | u | 貼り絵 |
| | → o | 魚の集まり（海中の風景はLs） | Bt | u | 落ち葉の集まり |

| | | |
|---|---|---|
| | u | 海草の集まり |
| | u | クリスマスツリー |
| | − | 根 |
| | o | 花（∨）（押し花・カトレア・ラン・花など）（∧を含む） |
| →o | | 花束（∨）（生け花・フラワーアレンジメントも含む） |
| | (o) | 花と何か（葉・クモなど） |
| Ex | (o) | 線香花火 |
| | u | 爆発（∨を含む） |
| | o | 花火（∨を含む） |
| Fd | u | 海草サラダ |
| | − | ナスのでんがく |
| Fi | →o | 炎の実験（∨） |
| Ge | u | 地図（不特定） |
| Ls | o | 海中・海底の風景（海草・カニ・魚・サンゴなどと） |
| | (o) | 水族館の水槽 |
| | →o | 塔と町並み |
| | →o | 花園・花畑 |
| | (o) | 繁華街（縁日・ルミナリエを含む） |
| Na | − | 噴水（∨） |
| Sc | − | 宇宙船 |
| Id | u | 絵の具（パレットの絵の具） |
| | u | 貝殻の集まり |

| | | |
|---|---|---|
| | − | 星座 |
| | u | 建物（竜宮城・宮殿の入り口） |
| | u | 抽象的世界（ゲームの世界・子どもの世界・世界・地獄・天国・ハルマゲドン・パラダイスなど） |
| | u | 遊園地（メリーゴーラウンドも含む）（∨を含む） |

## D1

| | | |
|---|---|---|
| H | u | ウマに乗った人 |
| (H) | u | 悪魔・化け物 |
| A | u | アメーバ・プランクトン（細菌・微生物を含む） |
| | u | イソギンチャク |
| | u | エビ・ザリガニ |
| | o | カニ |
| | o | クモ |
| | o | 昆虫・虫（カブトムシ・ゲンゴロウ・虫など） |
| | − | 魚（カサゴ・熱帯魚など） |
| | u | タコ |
| | − | タツノオトシゴ |
| | u | ダニ |
| | − | 動物（シカを含む） |
| | − | ヒトデ |

|  |  |  |
|---|---|---|
| | − | ヤドカリ（中央部あたりのDd99はu） |
| (A) | u | 怪獣 |
| | u | 架空の動物 |
| | u | 麒麟 |
| | u | 天馬（ペガサス） |
| | u | 竜 |
| An | u | 神経細胞 |
| Art | u | ポンポン |
| Bt | o | 海草（コンブ・モズク・海草など） |
| | u | 株 |
| | u | 根 |
| | u | 花（キク・ヒガンバナ・花など） |
| Ex | u | 花火 |
| Na | u | 水たまり |
| | <u>u</u> | 雪の結晶 |
| Id | − | 貝（中央部に限定したDd99の貝はu） |
| | u | サンゴ |

|  |  |  |
|---|---|---|
| | u | 人魚 |
| A | u | アメーバ |
| | u | オットセイ |
| | u | カメレオン（∨を含む）|
| | u | クリオネ |
| | − | ケムシ |
| | u | 昆虫 |
| | u | 細胞 |
| | <u>u</u> | サル |
| | u | チョウ・ガ |
| →o | | 動物（イヌ・ライオン・動物など） |
| | <u>u</u> | 鳥（∨）（カナリヤ・メジロ・ヒヨコ・鳥など） |
| (A) | u | こま犬 |
| (Ad) | u | 竜の頭 |
| Bt | u | 花 |
| Fi | u | 炎（∨） |
| Id | − | 人魂 |

## D2

|  |  |  |
|---|---|---|
| H | u | 人間（＞）（Dd33を顔）（踊る人・赤ん坊など） |
| Hd | − | 乳房 |
| | →o | 人の目 |
| (H) | u | お化け（＞） |
| | u | 天使・妖精（Dd33を顔） |

## D3

|  |  |  |
|---|---|---|
| A | − | 鳥（∨） |
| Ad | u | バッタの触角 |
| Bt | u | カエデの種 |
| Fd | u | サクランボ |
| Xy | − | 脳のCT |
| Id | − | 手錠 |

## D4 （D10 参照）

| | | |
|---|---|---|
| A | u | アオイソメ |
| | o | アオムシ |
| | (o) | イモムシ |
| | (o) | ウツボ |
| | o | ウナギ |
| | − | エビ |
| | o | タツノオトシゴ（∨） |
| | u | ドジョウ |
| | →o | 鳥（オナガドリ・クジャク・ニワトリなど尾の長い鳥） |
| | →o | ヘビ |
| (A) | (o) | 竜（∨） |
| Fd | − | エダマメ（濃い部分のDd99ならu） |
| | − | キュウリ（濃い部分のDd99ならu） |
| Sc | u | 釣り針 |

## D5

| | | |
|---|---|---|
| H | u | 人間（∨） |
| Ad | u | ウサギの顔 |
| Ma | u | 鬼の面 |

## D6

| | | |
|---|---|---|
| H | u | 人間2人（∨） |
| A | u | コウモリ |
| | u | 魚2匹（＜） |
| | u | 鳥（∨） |
| Cg | u | ブラジャー |
| Na | u | 水たまり |
| Sc | u | 橋 |
| | − | 眼鏡（濃い部分のDd99ならu） |

## D7

| | | |
|---|---|---|
| H | u | 人間（空中ブランコなど） |
| (H) | u | 宇宙人 |
| A | u | アリ |
| | u | エビ |
| | o | カエル |
| | o | カニ |
| | o | 昆虫・虫（カブトムシ・カマキリ・ゲンゴロウ・虫など） |
| | o | 動物（オオカミ・シカ・ネズミ・リス・動物など） |
| | u | バイキン |
| | u | ミジンコ |
| (A) | u | 架空の動物 |
| (Ad) | u | 竜の顔 |
| Bt | u | 枝 |
| | u | 花の種子 |
| Fd | u | サツマイモ |

## D8 （D11 参照）

| | | |
|---|---|---|
| H | − | 人間 |
| | u | 人間（∨）（両手をあげている） |
| (H) | o | 悪魔（小悪魔）・妖怪（∨を含む） |
| | u | 宇宙人 |
| | o | バイキンマン |
| | (o) | ムシバキン |
| A | u | アリ |
| | u | ウシ（バッファロー） |
| | u | エビ |
| | u | カエル |
| | o | カブトムシ・クワガタ |
| | u | ゴキブリ |
| | o | 昆虫・虫（不特定） |
| | − | サソリ |
| | u | ダニ |
| | u | 動物（不特定） |
| | u | ネズミ |
| | u | ミジンコ・プランクトン |
| | u | モグラ |
| Ad | u | タカの頭 |
| (A) | (o) | 怪獣 |
| | u | キングコング（∨） |
| | u | モグラのお化け |

## D9

| | | |
|---|---|---|
| H | (o) | 胎児 |
| | o | 人間 |
| (H) | (o) | 人魚 |
| | (o) | 幽霊 |
| A | o | イモムシ・ケムシ |
| | − | エビ |
| | (o) | カイコ |
| | − | ザリガニ |
| | o | タツノオトシゴ |
| | (o) | 長い虫 |
| | − | ヘビ |
| Ad | − | カニの足 |
| (A) | u | 怪獣（∨） |
| An | − | 血管 |
| | − | 心臓 |
| | u | 腸・盲腸 |
| | − | 肺（左右いっしょに） |
| Bl | u | 血 |
| Cl | u | 夕焼け雲 |
| Fd | u | エビフライ |
| | u | サツマイモ |
| | u | チキンフライ |
| | u | ワサビ |
| Fi | →o | 火・炎（∨） |
| Ge | u | 地図（半島） |
| Ls | →o | 崖 |

第 2 章 形態水準表　113

|  |  |  |
|---|---|---|
|  | u | サンゴ礁 |
| Id | u | サナギ |

### D10 （D4 参照）

|  |  |  |
|---|---|---|
| H | u | 人間（∨）（何かもっている人）（D5 を人，他を旗，大きな鎌，羽などと意味づけ） |
| Hd | u | ひげ |
|  | − | 人の両足 |
| (H) | u | 天使・妖精（∨） |
| A | o | アオムシ2匹 |
|  | − | クジャク1羽（∨）（羽を広げたクジャク） |
| →o |  | クジャク2羽 |
| →o |  | タツノオトシゴ2匹 |
|  | o | 鳥（∨）（タカなどを含む） |
| →o |  | ヘビ2匹 |
| Art | u | ネックレス |
| Bt | − | 花粉 |
| Hh | u | ランプのシェード |
| Sc | u | ニッパー |
|  | u | はさみ（植木ばさみ） |

### D11 （D8 と D14 参照）

|  |  |  |
|---|---|---|
| H | − | 人間2人と何か（D14 を門や棒） |
| (H) | u | 悪魔や異星人2人と棒 |
|  | (o) | ムシバキン2人と槍か棒 |
| A | u | アリ2匹と棒 |
| →o |  | カブトムシ2匹と木 |
|  | u | ゴキブリ2匹と柱 |
|  | u | ゴリラ2匹と電柱（∨） |
|  | u | 昆虫2匹と木 |
|  | u | 動物2匹と扉など |
|  | u | ネズミ2匹と木 |
| Ad | − | カニの口（∨） |
|  | − | カの頭 |
|  | − | 昆虫の頭 |
| (A) | u | 怪物2匹と棒 |
| An | − | 食道と肺 |
| Bt | u | 萼（∨） |
|  | u | 植物・花（∨）（不特定） |
| Na | u | 滝のある風景（∨） |
| Sc | (o) | エッフェル塔 |
|  | (o) | 東京タワー |
|  | u | 飛行機（ジェット機） |
|  | (o) | ロケット発射台 |
| Xy | − | レントゲン写真 |
| Id | u | 建物（宮殿・城など） |
|  | o | 塔 |
|  | − | 墓 |

### D12

|  |  |  |
|---|---|---|
| A | <u>u</u> | ウサギ |
|  | u | 魚・熱帯魚（D1 の方が頭） |

|  |  |  |
|---|---|---|
|  | u | 角のある動物（ウシ・カモシカ・トナカイ） |
|  | u | 動物（不特定） |
|  | − | 鳥 |
|  | u | ネコ |
|  | u | ノミ |
|  | u | バッタ |
| Ad | →o | カニの爪 |
| Bt | →o | 葉 |

### D13

|  |  |  |
|---|---|---|
| A | →o | 動物（<）（イヌ・ネコ・動物など） |
|  | u | 熱帯魚（<） |
|  | u | ミノムシ |
| Bl | u | 血痕 |
| Bt | u | 枯葉 |
|  | u | 種 |
|  | u | 花びら |
| Fd | − | カキ |
|  | u | サツマイモ |
|  | u | 鳥のから揚げ |
| Id | u | サナギ |
|  | u | 火の玉 |
|  | u | ホラ貝 |

### D14

|  |  |  |
|---|---|---|
| Hd | u | 人の顔（長い顔） |
| A | − | カメムシ（∨） |

|  |  |  |
|---|---|---|
| Ad | − | カのくちばし |
| Bt | u | 木と葉 |
| Sc | u | 温度計 |
|  | u | 剣 |
|  | u | 吊り橋（こちらから見た遠景） |
|  | (o) | ロケット |
| Id | u | 鉛筆2本（∨） |
|  | u | オール（櫂） |
|  | u | シャープペンシル（∨） |
|  | (o) | 塔 |
|  | u | 割り箸 |

### D15

|  |  |  |
|---|---|---|
| A | u | 魚・熱帯魚 |
|  | u | チョウ |
|  | o | 鳥（<）（インコ・カナリヤ・小鳥・鳥など） |
| Bt | (o) | つぼみ |
|  | u | 葉 |
|  | o | 花（クロッカス・スイトピー・フリージャ・花など） |
|  | (o) | 花びら |

### Dd21／DdS21

|  |  |  |
|---|---|---|
| H | o | 人間2人（踊り子・衛兵を含む） |
| (H) | (o) | 天狗 |
| A | − | オナガドリ2羽 |

第2章　形態水準表　115

| | | |
|---|---|---|
| Ad | — | ワニの口（＞） |
| (A) | u | 怪獣2匹 |
| An | — | 気管支と肺 |
| Art | u | シャンデリア |
| Bt | o | 花（∨）（ラン・マメ科・押し花・花など） |
| Fi | (o) | ガスバーナーの火（＞） |
| | (o) | 聖火と聖火台（∨） |
| | (o) | たいまつ |
| Hh | u | 電気スタンドの笠 |
| Ls | →o | 断崖（∨） |
| | →o | 塔（D11）のある風景 |
| Mu | u | 鈴・風鈴 |
| Sc | u | 宇宙船・ロケットと噴射する火（∨） |
| | u | エッフェル塔 |
| | u | 吊り橋（明石大橋を含む） |
| | u | はさみ |
| | u | ペンチ |
| | u | ロケット発射台（D11をロケット） |
| Xy | — | 肺のレントゲン写真 |
| Id | u | 宮殿の入り口 |
| | u | 塔 |

### Dd22／DdS22

| | | |
|---|---|---|
| H | o | 人間（王様・ピエロなど衣装を着飾った人） |
| Hd | o | 人の顔（王様・歌舞伎役者・ピエロの顔など）（∨を含む） |
| (H) | (o) | サンタクロース |
| | (o) | 魔王・魔法使い |
| (Hd) | (o) | 悪魔・魔王・魔女の顔（∨を含む） |
| | (o) | 宇宙人の顔（∨） |
| | (o) | 鬼の顔 |
| Ad | o | 動物の顔（∨）（ヤギ・ヒツジ，ウマ・サル・シカ・動物など） |
| (Ad) | (o) | 怪獣の顔（∨） |
| An | u | 骸骨の顔（∨） |
| | — | 内臓 |
| Art | u | シャンデリア |
| Bt | o | 花（∨）（特定・不特定） |
| Ls | →o | 塔のある風景（城への通り） |
| | (o) | 町の通り（露店街など） |
| Ma | u | 仮面（∨） |
| Id | — | 時計台 |

### Dd25

| | | |
|---|---|---|
| Hd | →o | 人の横顔 |

### Dd28

| | | |
|---|---|---|
| A | u | 動物（キツネ・シカなど） |

### DdS29

| | | |
|---|---|---|
| H | u | 人間 |
| | u | 仏像 |
| Hd | u | 人の顔 |
| A | ― | カメ |
| Ad | ― | ウサギの顔 |

### DdS30

| | | |
|---|---|---|
| (H) | u | 悪魔 |
| Ad | →o | ヒツジ・ヤギの顔（∨） |
| Hh | u | ランプ |

### Dd40

| | | |
|---|---|---|
| A | o | カニ（シオマネキ・大きい爪のカニなど） |
| | ― | サソリ（D12を尾） |

### Dd41

| | | |
|---|---|---|
| H | o | 人間2人 |
| Sc | u | 枝切りばさみ |

### DdS42

| | | |
|---|---|---|
| Hd | o | 人の顔 |
| Ad | u | 動物の顔 |
| Ma | u | 面 |

# 第 3 章　出現頻度の高い内容

第3章では，図版ごとにとくに多い反応内容を明らかにするため，出現頻度が3％（500人中15人）以上の反応を参考として示す。なおP（平凡反応）とC（共通反応）の実際のコード化については，「ロールシャッハ・テスト実施法」（高橋・高橋・西尾，2006）を参照されたい。

## I　図

### （1）PとC

I図は3人に1人の出現率（33.3％）の内容P（平凡反応）として，「コウモリ」が229人（45.8％），6人に1人の出現率（16.7％）の内容C（共通反応）として「チョウ」の138人（27.6％）と「ガ」の87人（17.4％）が見られる。また今回の500人の資料では「動物の顔」は155人（31.0％）に見られ，Cに該当する。

ところで，「動物」などについて，特定の動物名をあげる場合と，単に「動物」と答える場合とがあり，本書では後者を「（不特定の）動物」と記載している。「動物の顔」について見ると，「キツネの顔」49人（9.8％）「イヌの顔」29人（5.8％），「（不特定の）動物の顔」21人（4.2％），「オオカミの顔」26人（5.2％），「ウシの顔」9人（1.8％）「ネコの顔」8人（1.6％），「クマの顔」3人（0.6％），「ウサギの顔」5人（1.0％），「ヒツジの顔」2人，「ヤギの顔」「ネズミの顔」「ブタの顔」各1人であり，これらをまとめると「動物の顔」155人（31.0％）となる。第2章　形態水準表では単独で2％以上の「キツネの顔」「イヌの顔」「オオカミの顔」「ウシの顔」をoと表示し，「動物の顔」のoは「動物の顔（ネコ・クマ・ウサギ・ヒツジ・ヤギ・動物など）」と表示してある。なお「動物」といっても「アリの顔」「カの頭」「カマキリの顔」「昆虫の顔」は含めていない。

### （2）W

PとCを除き，Wで15人（3.0％）以上の出現率のある内容は，「人間1

人」「人間2人」「人間類似のもの（天使・悪魔など）」「悪魔・怪物の顔」「鬼の面」「ハロウィーンのカボチャ」「昆虫・虫（不特定）」「骨盤」「葉・枯葉」「花（特定・不特定）」「面・仮面」であり，この中で最も多いのは「悪魔・怪物の顔」の11.8%であり，「面・仮面」の10.8%が次いでいる。

### (3) D

最も多いのはD4「人間」の8.0%である。また，D2の人間に関して，D2のみを「人間」と見る者と，Wを「複数の人間」と見てD2を知覚する者があり，この図版で頻度の高い内容を示すために，合算して出現率を計算すると3.0%以上となる。その他，Dで15人（3.0%）以上の出現率のある内容は，D2の「イヌ」，D4の「人間2人」「カブトムシ・クワガタ」，D7の「動物の顔」である。

## II 図

### (1) P

II図のPは，Wに「人間2人」の217人（43.4%）が見られる。またD1を「動物1匹」と見たり，D6を「動物2匹」と見た反応もPとコードされ，この領域に「動物（具体的な名前のものを含む）」と答える者は210人（42.0%）である。

ところでII図の「動物」に関しては，D1に「動物1匹」を見る者よりも，D6を「動物2匹」と答える者が圧倒的に多い。なお上記210人の「動物」の中では，「クマ」92人（18.4%）の出現率が最も高く，われわれのいうC（共通反応）に該当する。これに次いで「ゾウ」32人（6.4%），「イヌ」31人（6.2%），「動物（不特定）」12人（2.4%），「ウサギ」11人（2.2%）が見られる。さらに「ネズミ」5人，「ブタ」5人，「ゴリラ」4人，「サイ」3人，「サル」2人，「ネコ」2人，「バク」2人，「ヒツジ」2人と続き，「イノシシ」「ウシ」「ウマ」「オオアリクイ」「モグラ」「モ

ルモット」「ラクダ」各1人が見られる。なおD1領域に「アザラシ」「ムササビ」を見る者が計3人見られたが，形態がやや異なるので，ここでは除いてある。さらに「オオアリクイ」は通常足と見られる部分を「長い口」と見ているし，「ウマ」と「ラクダ」は知覚の仕方が奇妙であり，形態水準を－としてある。

（2）W

Pを除き，Wで15人（3.0％）以上に出現した内容は，「人の顔」「鬼の顔」「チョウ」「動物の顔」であり，この中で最も多いのは「人の顔」の5.0％であり，日本人が顔を答えやすい傾向がここにも見られる。

（3）D

Pを除き3％以上の出現率のある内容は，D3の「チョウ」「カブトガニ」「血」，DS5とD3を関連づけた「飛行機・ジェット機と火」「ロケット・人工衛星の発射や推進」，D6の「人間2人（∨を含む）」「骨盤」，DS6の「穴のある岩・洞窟」「建物のある風景」である。この中で最も多いのはDS5「ロケット・人工衛星の推進や発射」の7.4％であり，D3「チョウ」の7.0％がこれに次いで多く見られる。

## Ⅲ　図

（1）P

Ⅲ図のPは，D9に「人間1人」，あるいはD1に「人間2人」と答えた反応内容である。今回の対象者によると，D9を「人間」と答えた者は124人，D1を「人間2人と何か（壺・荷物など）」とやや漠然と「人間2人」と答える者は251人，Wを「人間2人と太鼓と火でお祭り」など答えた者は48人であり，合計423人（84.6％）である。

## （2）W

P以外のWで15人（3.0％）以上の出現率のある内容は，「人間の顔」の3.0％である。

## （3）D

15人以上が同じ反応内容を答えたDは，D1の「昆虫・虫（カブトムシ・クワガタ・カマキリ・コガネムシなどを含む）」「昆虫・虫の上半身（カブトムシ・クワガタ・カマキリ・コガネムシなどを含む）」，D2の「タツノオトシゴ」「火・炎」「人魂・火の玉」，D3の「チョウ」「リボン」「蝶ネクタイ」，D5の「魚（トビウオ・アユなどを含む）」，D7の「昆虫・虫の頭（トンボ・カマキリ・セミなどを含む）」，D9の「動物（イヌ・サル・キツネなどを含む）」である。この中で最も多いのは，D3の「チョウ」の9.4％であり，「蝶ネクタイ」の6.8％とD2の「人魂・火の玉」の6.2％がこれに次いで多い。

## （4）Dd

われわれがDd40とコードする領域に，「昆虫・虫の上半身（カブトムシ・クワガタ・コガネムシ・カマキリ・ハエなどのほか，昆虫・虫の頭や上半身）」を答える者は9.8％の出現率である。

# Ⅳ　図

## （1）PとC

Ⅳ図のPは，WかD7に「人間または人間類似のもの」を答えた反応内容である。この2つのいずれかの領域に「人間」と答えた者は59人（11.8％）であり，「人間類似のもの」（怪人，巨人，ビッグフット，魔王，妖怪など）を答えた者は117人（23.4％）であり，計176人（35.2％）である。またⅣ図のCであるWかD7の「怪獣」は116人（23.2％），「毛皮」

は 91 人（18.2 %）である。

## （2）W

W で P と C を除き，15 人（3.0 %）以上の出現率のある内容は，「クマ」「コウモリ」「ガ」「木」「動物の顔（イヌ・イノシシ・ウシ・動物など）」「ムササビ」であり，最も出現率の高いのは「クマ」と「コウモリ」の 8.0 %であり，「動物の顔」7.8 %，「木」の 6.8 %がこれに次いで多い。なおわが国の対象者は，どの図版にも「ムササビ」と答える者が見られるが，Ⅳ図 W の 16 人（3.2 %）が最も多い。

## （3）D

D で 3 %以上出現する反応内容は，D1 の「動物の顔（イヌ・ウシ・シカ・動物など）」「竜の頭」，D6 の「靴・長靴・ブーツ」である。最も出現率の高いのは D6 の「靴・長靴・ブーツ」の 5.4 %であり，D1 の「竜の顔」の 4.4 %がこれに次いで多い。なお「動物の顔」には「イナゴ・イモムシ・エビ・カタツムリ・ナメクジなど」を含めていない。

# Ⅴ　図

## （1）P

Ⅴ図の P は，W の「チョウ」「コウモリ」である。「チョウ」は 288 人（57.6 %），「コウモリ」は 188 人（37.6 %）が答えている。なお「チョウ」に含めた「アゲハチョウ」を答える者は 27 人見られた。

## （2）W

P を除き，15 人（3.0 %）以上の出現率のある内容は，W では「衣装をつけた人（バレリーナ・踊り子・バニーガールなど）」「羽をつけた人（学芸会や劇の人など）」「マントや羽をつけた人間類似のもの（天使・悪魔・魔法使

い・妖精など）」「ガ」「鳥（ツバメ・ツル・カモメ・カラス・ワシなどのほか不特定の鳥）」「鳥2羽（ツル・クジャクなどのほか不特定の鳥）」である。この中で最も出現率の高いのはW「ガ」の14.6％であり，「鳥」の12.2％がこれに次いでいる。

### (3) D

V図ではD4で見られるものがWとしても出現する。Dで3％以上出現するのは，D4の「人間」（Wの人間2人を含む），D4「動物（ウサギ・ウシ・ライオン・オオカミ・シカ・動物など）」（Wの動物2匹を含む），D7の「ウサギ」（D7をウサギと見て関連させたWを含む）である。最も出現率の高いのはD4「動物」の4.4％であり，D7「ウサギ」が4.2％，D4「人間」は4.0％である。

## Ⅵ 図

### (1) P

Ⅵ図のPは，WもしくはD1を「毛皮」と答えたり，Wを「楽器」と答えた場合である。WもしくはD1に「毛皮」と答える者は168人（33.6％）であり，Wに「絃楽器」を答える者は196人（39.2％）である。わが国の健常成人は図のPとして「毛皮」よりも「絃楽器」を多く答えるようである。

### (2) W

Ⅵ図Pの「毛皮」は特定の動物の毛皮を述べた場合を含むが，3％以上出現した内容を調べると，「キツネの毛皮」を41人が，「トラの毛皮」を28人が答えている。また「絃楽器」に関しては，「ギター」を66人が，「バイオリン」を29人が，「三味線」を38人が答えている。

ところでP以外にWで3％以上出現する内容は，「カブトムシ・クワガタ」「動物（イヌ・オオカミ・キツネ・クマ・タヌキ・ネコ・ネズミ・ヒョ

ウなどや不特定の動物）（この中ではネコを11人が，キツネを10人が答えている）」「花」「軍配・羽うちわ・うちわ」である。この中で最も出現率の高いのは，「動物（イヌ・オオカミ・キツネ・クマ・タヌキ・ネコ・ネズミ・ヒョウなどや不特定の動物）」の6.6％であり，「花」の4.0％が次いでいる。

### （3）D

Ⅵ図のDで3％以上出現するのはD3の「動物の顔（オオカミ・イタチ・イヌ・キツネ・ネコなどや不特定の動物）」とD4の「天狗（の面）」である。「天狗（の面）」はD1に2つとして最も多く生じ，Wにも2つとして見られ，これらをD4の「天狗（の面）」にまとめると，10.0％となる。なおD3の「動物の顔」は5.0％の出現率である。

### （4）Dd

Ddで3％以上出現するのは，Dd41の「果物の断面図（キウイ・キュウリ・スイカ・リンゴ・ナシなどや不特定の果物）」の3％である。

## Ⅶ　図

### （1）P

Ⅶ図のPは，Wに「2人の人間」を見る189人（37.8％）である。

### （2）W

「2人の人間」189人は正位置での答であり，「女の子が2人」と答えた74人（14.8％），単に「2人の子ども」という者15人（3.0％）「2人の女性」を答える者43人（8.6％）などを含んでいる。

P以外のWで3％以上出現する内容は，「ウサギ2匹」と∨の位置の「2人の人間」であり，「2人の人間」の方が多く9.8％の出現率である。

### (3) D

Dで3％以上出現する内容は，D1の「人の顔」，D2の「人間（女性・子どもが多い）」「人の上半身」「イヌ（>）」「ウサギ」，D3の「人の顔」「ブタの顔」，DS7の「壺」である。この中で最も出現率の高いのは，D1の「人の顔」12.0％であり，D2の「ウサギ」6.2％がこれに次いでいる。

## Ⅷ 図

### (1) P

Ⅷ図のPは，D1の「4本足の動物」であり，これを答えた者は285人（57.0％）である。なおWとして，「木に登る動物2匹」や「動物2匹と風景の反射」などを答える者は120人（24.0％）である。したがって何らかの形でD1に「4本足の動物」を答える者は405人（81.0％）である。

### (2) W

Ⅷ図のWで3％以上出現する内容は，「花（アジサイ・アヤメ・ハイビスカスなどや不特定の花）」「面・仮面」であり，「花（アジサイ・アヤメ・ハイビスカスなどや不特定の花）」の方が多く13.8％である。

なおD1にPとして「4本足の動物」を答えた405人がどのような動物を見ているかを検討した。最も多いのは「動物」の93人（「獣」を答えた1人を含む）（18.6％）であり，次に「クマ（クマ46人・シロクマ4人）」50人（10.0％），「ヒョウ」39人（7.8％），「カメレオン」31人（6.2％），「ネコ（ネコ20人・ヤマネコ6人・ネコ科5人）」31人（6.2％），「イタチ」21人（4.2％），「ネズミ」19人（3.8％），「トラ」18人（3.6％），「タヌキ」13人（2.6％），「トカゲ」13人（2.6％）と続いている。この領域には2％の出現率に達しなくてもさまざまな動物が知覚されている。例えば「イノシシ」8人，「アライグマ」「イグアナ」「イモリ」「カワウソ」「サル」はそれぞれ5人，「チータ」「ハイエナ」「ライオン」が各3人，「カモシカ」「キツネ」「テ

ン」「ナマケモノ」「マングース」「ムササビ」「リス」が各2人見られた。なお1人だけが答えた4本足の動物名は多いので省略する。

### (3) D

Dで3％以上出現するのは，D2の「チョウ」「花（アサガオ・アヤメ・カトレアなどや不特定の花）」，D4の「山」である。この中で最も多いのは，D2の「花（アサガオ・アヤメ・カトレアなどや不特定の花）」の9.0％であり，D4の「山」が4.0％でこれに次いでいる。

## Ⅸ　図

わが国の健常成人の記録からは，Ⅸ図にPやCは見られない。

### (1) W

Ⅸ図Wにおいて3％以上出現する内容は，「花」「火山の噴火」「火・炎」「面・仮面」であり，最も多いのは「花」の9.2％である。

### (2) D

Ⅸ図Dにおいて3％以上出現する内容は，D2の「花」，D3の「人間」「エビ」「タツノオトシゴ」「竜・ドラゴン」「火・炎」，DS8の「ウマの顔」である。この中で最も多いのは，D3の「人間」の7.4％であり，「タツノオトシゴ」の4.6％がこれに次いでいる。

## Ⅹ　図

Ⅸ図と同じように，わが国の健常成人の記録からは，Ⅹ図にPやCは見られない。

### (1) W

X図 W において3％以上出現する内容は，「人の集まり（踊り・祭など）」「昆虫・虫の集まり」「動物・小動物の集まり」「人間類似のものの集まり（こびと・妖精・悪魔・化け物など）」「細菌・バクテリア・微生物の集まり」「花」「花火」である。この中で最も多いのは「昆虫・虫の集まり」の13.6％，これに次いで「花」の4.8％が多く見られる。

### (2) D

X図 D において3％以上出現する内容は，D1の「クモ」「カニ」，D4の「アオムシ」「タツノオトシゴ」，D7の「カエル」「カニ」，D8の「昆虫・虫」，D9の「人間」，「イモムシ・ケムシ」「タツノオトシゴ」である。Dの中で最も多いのはD1の「クモ」の13.4％であり，D1の「カニ」4.8％と，D9の「タツノオトシゴ」4.8％がこれに次いでいる。

### (3) Dd

Dd において3％以上出現するのは，DdS22の「人の顔」，Dd41の「人間2人」，Dd42の「人の顔」である。この中で最も多いのは，DdS22の「人の顔」の24.8％であり，われわれのいうC（6人に1人の出現率）に該当するほど出現率が高い。

# 第 4 章　主要内容コード一覧表

序文で述べたように，Exner は 2003 年の著書「The Rorschach：A Comprehensive System」の第 1 巻第 4 版において，従来のいくつかの内容カテゴリーを変更したので，本書の内容カテゴリーは彼の新しい基準に従い，前著（高橋・高橋・西尾，2002）を修正してある。また前著では，動物名をアオムシ・インコ・ジュゴンなど，花の名前をアヤメ・カンナ・シクラメンなどと詳細に記載したが，本書では個々の動物名や花の名前はいくつかを除き，原則として省略した。反応内容をどのようにコード化し，どのようなシンボルを用いるかの詳細については，「ロールシャッハ・テスト実施法」（高橋・高橋・西尾，2006）を参照されたい。

　改めていうまでもないが，ロールシャッハ・テストでは，クライエントがインクブロットをどのように知覚したかが重要であり，形態水準のコード化と同じように，内容のコード化もクライエントの知覚の仕方によってコード化が異なる。例えば「土偶」は「縄文時代の土偶」の意味なら Ay,(H) であるが，単に「土製の人形」を考えているなら (H) を，「動物の土人形」なら (A) をコードする。同じように「土器」も考古学的な意味なら Ay であるが，「素焼きの器」の意味の場合は，Id とコードするし，「野菜」なども食べる状態なら Fd，畑にある状態なら Bt とコードする。また「吊り橋」は Id であるが，「明石大橋」のように近代化された場合は Sc とコードするし，空想化された (H) や (A) と同じように，「死体」「ひからびたカエル」など，明らかに生きている形態が変化した状態を述べた反応内容は，(H) や (A) とコードする。

　さらに現在おもに Id に分類される建造物（家，宮殿，橋，塔）などは，日本人において出現しやすく，臨床的な意味が明らかになれば，Arch（建造物）として独立させるべきかもしれないし，現在やや定義が不十分と思われる Sc と Hh の識別を明らかにすることも，今後の課題と思われる。

　次頁から主要な内容のコードを五十音順にあげていくが，本章の内容コードは一般的なものであり，対象者の認知の仕方によっては，コードを変える必要も生じよう。

## 主要内容コード一覧表

### 【あ】

アイスキャンデー —— Fd
アイスクリーム —— Fd
アカ貝 —— Fd
赤ちゃん —— H
悪魔 —— (H)
足跡 —— Id
アジの開き —— Fd
頭のない人 —— Hd
あばら骨 —— An
アポロン —— (H),Ay
飴 —— Fd
アメーバ —— A
アリ地獄 —— Id
アルコールランプ —— Hh
泡 —— Na
アンテナ —— Sc

### 【い】

胃 —— An
ETの指 —— (Hd)
家 —— Id
イカの塩辛 —— Fd
池 —— Na
生け花 —— Bt
石 —— Ls
石灯籠 —— Id
椅子 —— Hh
異星人 —— (H),Sc
イソギンチャク —— A
イヌの影 —— (A)
イモ判 —— Id
イヤリング —— Art
入り江 —— Na
入歯（義歯）—— Hd,Art
岩（岩場）—— Ls
インク —— Id
隕石 —— Na
インベーダー —— (H),Sc

### 【う】

植木ばさみ —— Sc
ウサギの頭蓋骨 —— An
臼 —— Hh
宇宙 —— Na
宇宙人 —— (H)
宇宙船 —— Sc
宇宙戦艦ヤマト —— Sc
うちわ— Hh（軍配・羽うちわは Id）

| | |
|---|---|
| ウッドペッカー | (A) |
| 器 | Hh |
| ウニの殻 | Id |
| 海 | Na |
| 海の底 | Ls |
| 海（湖）の見える風景 | Na |
| 海辺 | Ls |
| ウルトラマン | (H),Sc |
| 上着 | Cg |

## 【え】

| | |
|---|---|
| 絵 | Art |
| エイ | A |
| エイリアン | (H),Sc |
| 餌 | Fd |
| 枝 | Bt |
| エッフェル塔 | Sc |
| 絵の具 | Id |
| エビの天ぷら | Fd |
| 襟 | Cg |
| 円盤 | Sc |
| 鉛筆 | Id |
| エンブレム | Art |
| えんまの顔 | (Hd) |

## 【お】

| | |
|---|---|
| 王冠 | Art |
| 大きな男 | H〔大男・巨人は(H)〕 |
| 黄金バット | (H) |
| 王様 | H |
| オートバイ | Sc |
| オーラ | Id |
| オール（櫂） | Id |
| おかき | Fd |
| 置物 | Hh（装飾を強調すれば Art） |
| 押し花 | Bt,Art |
| 落ち葉 | Bt |
| 踊り子 | H |
| 鬼の顔 | (Hd) |
| 鬼の角 | (Hd) |
| 鬼の面 | Ma,(Hd) |
| お祭り | Id |
| 温度計 | Sc |
| 温度分布図 | Id |
| 音符 | Mu |

## 【か】

| | |
|---|---|
| 貝 | Id |
| 絵画 | Art |
| 海岸の風景 | Ls |
| 骸骨 | An（踊る骸骨も An） |
| 怪獣 | (A) |
| 怪人 | (H) |
| 海草 | Bt |
| 海草サラダ | Fd |
| 階段 | Id |

| | |
|---|---|
| 海中（海底）の風景 | Ls |
| 怪鳥 | (A) |
| 怪物 | (A)あるいは(H) |
| 解剖図 | An,Art |
| カエデの葉 | Bt |
| かかし | (H),Art |
| 鏡 | Hh |
| かがり火 | Fi |
| カキ | Fd |
| かき氷 | Fd |
| 萼 | Bt |
| 影（シルエット） | Id〔人・動物の影は(H)や(A)〕 |
| 崖 | Ls |
| 傘 | Hh |
| 飾り | Art |
| 火事 | Fi |
| ガスバーナー | Sc,Fi |
| 化石 | Ay |
| カタツムリ | A |
| 刀 | Sc |
| 花壇 | Bt〔風景を強調すればLs〕 |
| 楽器 | Mu |
| カッターシャツ | Cg |
| カッパ | (H) |
| かつら | Hd,Art |
| 鐘 | Mu |
| カビ | Id |
| 花瓶 | Hh（装飾を強調すればArt） |
| 株 | Bt |
| 歌舞伎の顔 | Hd |
| 歌舞伎の連獅子 | H,Ay |
| 兜 | Ay |
| カブトガニ | A |
| 花粉 | Bt |
| 壁掛け | Art |
| カボチャの顔 | (Hd) |
| カボチャの馬車 | Id |
| 釜 | Hh |
| 鎌 | Sc |
| 紙 | Id |
| 髪 | Hd |
| 髪飾り | Art |
| 神様 | (H) |
| 雷 | Na |
| 仮面 | Ma |
| 仮面ライダー | (H),Sc |
| 家紋 | Art |
| カラス天狗 | (H) |
| ガラス板 | Id |
| ガラスの器 | Hh |
| カレイ（干物） | Fd |
| 枯葉 | Bt |
| 川 | Na |
| 皮 | Ad |
| 革靴 | Cg |

| | |
|---|---|
| かんざし | Art |
| 肝臓 | An |
| 看板 | Id |
| 冠 | Art |

## 【き】

| | |
|---|---|
| 木 | Bt |
| キウイの芯 | Id |
| キウイの実 | Fd |
| 幾何学模様 | Art |
| 機関銃 | Sc |
| 気球 | Sc |
| 騎士 | H,Ay |
| 義歯 | Hd,Art |
| 記章 | Art |
| ギター | Mu |
| 気体 | Na |
| キツネの顔をした人 | H〔INCOMがつく。空想なら(H)〕 |
| キツネの面 | Ma,(Ad) |
| 杵 | Hh |
| 木の形の影 | Bt,Id |
| 木の皮 | Bt |
| キノコ | Bt |
| キノコ雲 | Cl |
| 着物 | Cg |
| キャンプファイア | Fi |
| 球根 | Bt |
| 宮殿 | Id |
| 峡谷 | Ls |
| 胸像 | Hd,Art〔デフォルメなら(Hd),Art〕 |
| 恐竜 | A,Ay |
| 巨人 | (H) |
| 霧 | Na |
| 切り株 | Bt |
| キリスト | H,Ay |
| 麒麟 | Id |
| 金魚鉢 | Hh |
| キングコング | (A),Sc |
| 金星人 | (H) |

## 【く】

| | |
|---|---|
| 釘 | Sc |
| 果物 | Fd |
| 果物の皮 | Id |
| 果物の芯 | Id |
| 果物の断面 | Fd |
| 果物の断面図 | Fd,Art |
| くちびる | Hd |
| 靴 | Cg |
| クッキー | Fd |
| 靴下 | Cg |
| グッフィー | (A) |
| クマの彫刻 | A,Art |
| 雲 | Cl |

| | |
|---|---|
| クモの糸 | Id |
| クモの巣 | Id |
| クラッカー | Fd |
| クリオネ | A |
| クリスマスツリー | Bt |
| 苦労と楽しさ | Hx |
| グローブ | Id |
| 勲章 | Art |
| 軍配 | Id |

## 【け】

| | |
|---|---|
| 渓谷 | Na |
| ケーキ | Fd |
| 毛皮 | Ad |
| 毛皮のコート | Ad,Cg |
| 毛皮の敷物 | Ad,Hh |
| 毛皮のジャンパー | Ad,Cg |
| 景色 | Ls |
| 血痕 | Bl |
| 結晶 | Na |
| 毛抜き | Hh |
| 煙 | Fi |
| 剣 | Sc |
| 弦楽器 | Mu |
| 原始人 | H,Ay |
| 原生動物 | A |
| 原爆（爆発の状態） | Ex |
| 原爆ドーム | Id |

## 【こ】

| | |
|---|---|
| 公園の並木道 | Ls |
| 校章 | Art |
| 光線 | Id |
| 肛門 | Hd |
| 甲羅（カメ・カニ） | Ad |
| 香炉 | Art |
| 氷 | Na |
| 胡弓 | Mu |
| こけし | (H),Art |
| 五重塔 | Ay |
| ゴジラ | (A),Sc |
| 国旗 | Art |
| 骨髄 | An |
| 骨盤 | An |
| こびと | (H) |
| こま | Id |
| こま犬 | (A),Art |
| ごみ | Id |
| 小屋 | Id |
| コルク栓 | Hh |
| コルセット | Cg |
| コロナ | Na |
| 昆虫 | A |
| コントラバス | Mu |
| コンポート | Hh |

## 【さ】

| | |
|---|---|
| 細菌 | A |
| サイドミラー | Sc |
| 細胞 | An |
| 魚の干物 | Fd |
| 魚の開き | Fd |
| 魚の骨 | An |
| 削岩機 | Sc |
| サツマイモ | Fd |
| サナギ | Id |
| サボテン | Bt |
| 侍 | H,Ay |
| サメのあご骨 | An |
| サラダ菜 | Fd |
| サングラス | Sc |
| サンゴ | Id |
| サンゴ礁 | Ls |
| サンゴ虫 | A |
| 三輪車 | Sc |

## 【し】

| | |
|---|---|
| シーソー | Id |
| CT画像 | Xy |
| シール | Art |
| 寺院 | Id |
| シェード | Hh |
| ジェット機 | Sc |
| 敷物 | Hh（動物の敷物はAd,Hh） |
| 子宮 | An,Sx |
| 茂み | Bt（風景を強調すればLs） |
| 地獄 | Id |
| 始祖鳥 | A,Ay |
| 舌 | Hd |
| 自動車 | Sc |
| 死人・死体 | H |
| しみ（汚れ） | Id |
| しめ縄 | Id |
| シャープペンシル | Id |
| シャーベット | Fd |
| シャーマン | H,Ay |
| 釈迦 | H,Ay |
| ジャガイモ | Fd |
| 写真立て | Hh |
| しゃちほこ | (A),Art |
| 蛇皮線 | Mu |
| 三味線 | Mu |
| シャンデリア | Art |
| 十字架 | Id |
| じゅうたん | Hh〔動物の（毛皮の）じゅうたんはAd,Hh〕 |
| ショウガ | Fd |
| 鍾乳洞 | Ls |
| 照明器具 | Hh |
| 燭台 | Hh |
| 食道 | An |

第4章 主要内容コード一覧表

| | |
|---|---|
| 食パン | Fd |
| 尻― | Hd(性的示唆があれば Hd,Sx) |
| 城 | Id |
| 深海魚 | A |
| 新幹線 | Sc |
| 蜃気楼 | Na |
| 信号燈 | Sc |
| 神社 | Id |
| 心臓 | An |
| 腎臓 | An |
| 陣羽織 | Ay,Cg |

## 【す】

| | |
|---|---|
| 巣（鳥の巣，ハチの巣） | Id |
| 水晶球 | Art |
| 水族館（の水槽） | A,Ls |
| 水墨画 | Art |
| スーパーマン | (H),Sc |
| スカート | Cg |
| 頭蓋骨 | An |
| 鈴 | Mu |
| スズメの焼き鳥 | Fd |
| ステーキ | Fd |
| ステンドグラス | Art |
| 砂 | Ls |
| 砂時計 | Hh |
| スヌーピー | (A) |
| スパイダーマン | (H),Sc |

| | |
|---|---|
| スフィンクス | Ay |
| スペード | Art |
| 炭火 | Fi |
| スモッグ | Id |
| スルメ | Fd |

## 【せ】

| | |
|---|---|
| 聖火 | Fi |
| 性器 | Hd,Sx |
| 生理の血 | Bl,Sx |
| 石炭 | Ls |
| 石器時代のやじり | Ay |
| 背骨 | An |
| セミの抜け殻 | Id |
| ゼリー | Fd |
| 線香花火 | Ex |
| 戦車 | Sc |
| 船首 | Sc |
| 洗濯ばさみ | Hh |
| 戦闘機 | Sc |
| 栓抜き | Hh |
| 線路 | Sc |

## 【そ】

| | |
|---|---|
| 臓器 | An |
| 装飾品 | Art |
| ゾウのぬいぐるみ | A,Art |
| ソフトクリーム | Fd |

第4章 主要内容コード一覧表　139

空 ──────────── Na

【た】

体温計 ──────────── Sc
胎児 ────── H〔初期の胎児は(H)〕
たいまつ ──────────── Fi
太陽 ──────────── Na
滝 ──────────── Na
滝の流れる風景 ──────────── Na
たき火 ──────────── Fi
凧 ──────────── Art
タツノオトシゴ ──────────── A
竜巻 ──────────── Na
建物・建造物 ──────────── Id
谷 ──────────── Ls
種 ──────────── Bt
種の断面図 ──────────── Bt,Art
たわし ──────────── Hh
断崖 ──────────── Ls
ダンボ ──────────── (A)

【ち】

血 ──────────── Bl
チェロ ──────────── Mu
地図 ──────────── Ge
地勢図 ──────────── Ge
血のしみ ──────────── Bl
乳房 ──────────── Hd,Sx

茶碗 ──────────── Hh
彫像 ──────────── H,Art
蝶ネクタイ ──────────── Cg
チョウのシルエット ──────────── (A)
チョウの標本 ──────────── A,Art
ちょんまげ ──────────── Hd,Ay

【つ】

ついたて ──────────── Id
杖 ──────────── Id
土 ──────────── Ls
土ショウガ ──────────── Bt
角 ──────────── Ad
鍔 ──────────── Id
つぶれたハエ ──────────── A
壺 ──────────── Hh
つぼみ ──────────── Bt
つらら ──────────── Na
吊り橋 ── Id（現代的なものはSc）
釣り針 ──────────── Sc
剣 ──────────── Sc

【て】

蹄鉄 ──────────── Id
ティンカーベル ──────────── (H)
テーブルクロス ──────────── Cg
手錠 ──────────── Id
デスマスク ──────────── Hd,Art

| | | | |
|---|---|---|---|
| 鉄塔 | Sc | 動物のぬいぐるみ | A,Art |
| 鉄砲 | Sc | 動物の面 | Ma,(Ad) |
| デビルマン | (H),Sc | トーテムポール | Ay |
| 手袋 | Cg | ドーナツ | Fd |
| テラノドン | A,Ay | ドーム | Id |
| 電気スタンド | Hh | 土器— Hh（Ayをつけることあり） | |
| 電球 | Sc | 土偶— Ay〔Hや(H)をつけることあり〕 | |
| 天狗 | (H) | | |
| 天狗のうちわ | Id | どくろ | An |
| 天狗の面 | Ma,(Hd) | 時計 | Sc |
| 天国 | Id | 取っ手 | Id |
| 天使 | (H) | ドナルドダック | (A) |
| テント | Sc | 跳び箱 | Id |
| 電灯 | Hh | 扉 | Id |
| 電灯の笠 | Hh | ドラキュラ | (H) |
| 天馬 | (A) | ドラゴン | (A) |
| 天ぷら | Fd | トリ貝 | Fd |
| | | 鳥人間 | (H) |
| | | 鳥の巣 | Id |
| | | ドレス | Cg |
| | | 泥 | Ls |
| | | トロフィー | Art |
| | | トンボの死骸 | A |

## 【と】

| | |
|---|---|
| ドアの取っ手 | Id |
| 塔— Id（エッフェル塔・東京タワーはSc） | |
| 東京タワー | Sc |
| 洞窟 | Ls |
| 桃源郷 | Id |
| 灯台 | Sc |
| 動物の影 | (A) |
| 動物の内臓 | An |

## 【な】

| | |
|---|---|
| 内臓 | An |
| 内臓の絵 | An,Art |
| ナイフ | Hh |

ナウマンゾウ ─────── A,Ay
長靴 ────────────── Cg
ナスカの地上絵 ─────── Ay
何か ────────────── Id
鍋 ─────────────── Hh
ナポレオン ───────── H,Ay
ナポレオンの帽子 ──── Cg,Ay
波 ─────────────── Na

## 【に】

握りこぶし ───────── Hd
二重胎児 ─────────── H
ニッパー ─────────── Sc
入道雲 ──────────── Cl
尿道 ───────────── An
庭 ─────────────── Ls
人魚 ──────────── (H)
人形 ─ H,Art〔様式化された場合は(H),Art〕
人形のオルゴール ───── H,Mu
人間の絵 ────────── H,Art
人間の彫刻 ───────── H,Art
忍者 ──────────── H,Ay

## 【ぬ】

抜け殻（セミなど）──── Id
布地 ───────────── Cg

## 【ね】

根 ─────────────── Bt
ネクタイ ─────────── Cg
ネックレス ─────────── Art
熱帯魚 ──────────── A

## 【の】

脳細胞 ──────────── An
能面 ───────────── Ma,Ay
ノシイカ ─────────── Fd
ノッカー ─── Id（装飾された場合 Art）
のど ───────────── Hd
のどちんこ ───────── Hd

## 【は】

葉 ─────────────── Bt
歯 ─────────────── Hd
バーベル ─────────── Sc
肺 ─────────────── An
バイオリン ─────────── Mu
ばい菌 ──────────── A
バイキンマン ──────── (H)
バイク ──────────── Sc
ハイヒール ─────────── Cg
パイプ ──────────── Id
羽うちわ（天狗の）──── Id

羽織（おでんち） ——— Cg
墓 ——————————— Id
バクテリア ————————— A
爆発 ————————————— Ex
化け物 ————————— (H)か(A)
パゴダ ———————————— Ay
はさみ ———————————— Sc
橋 ————— Sc（小川の橋は Id）
旗 ————————————— Art
はたき ———————————— Hh
鉢 —————————————— Hh
ハチの巣 ———————————— Id
バッグ ————————————— Hh
バックル ———————————— Cg
バットマン ——————————— (H),Sc
花 —————————————— Bt
花園 —————————————— Ls
花火 —————————————— Ex
埴輪 — Ay〔(H)や(A)がつくことあり〕
羽根飾り ————————————— Art
羽根つきの羽根 ————————— Id
羽のついた帽子 ————————— Art
羽の生えた人— H〔INCOM がつく。空想なら(H)〕
ハマグリ ——————————— Id
ハム ————————————— Fd
パラソル ———————————— Hh

バラライカ ——————————— Mu
貼り絵 ————————————— Art
バレッタ ————————————— Art
パレット ————————————— Id
ハロウィーンのカボチャ ——— (Hd)
繁華街 ————————————— Ls
ハングライダー ————————— Sc
パンツ ————————————— Cg
半島 ——————— Ls（地図なら Ge）

【ひ】

火 ——————————————— Fi
ピーターパン —————————— (H)
ビーチパラソル ————————— Hh
ピエロ ————————————— H
ビオラ ————————————— Mu
ビキニ ————————————— Cg,Sx
飛行機 ————————————— Sc
飛行場 ————————————— Id
ヒシの実 ————————————— Bt
ビスケット ———————————— Fd
ピストル ————————————— Sc
微生物 —————————————— A
ビッグバード ——————————— (A)
ひづめ —————————————— Ad
人魂 —————————————— Id
人の影 ————————————— (H)
火の神 ————————————— (H)

火の精 ——————————— (H)
火の玉 ——————————— Id
日の出 ——————————— Na
氷河 ———————————— Na
氷山 ———————————— Na
標識 ———————————— Id
ひょうたん —————————— Hh
標本 ———————————— Art
ピラミッド ——————————— Ay
広場 ———————————— Ls
琵琶 ———————————— Mu
瓶 ————————————— Hh
ピンセット —————————— Sc
瓶のふた ——————————— Hh

【ふ】

ブーケ ———————————— Bt
風景 —————— Ls もしくは Na
風船 ———————————— Id
ブーツ ———————————— Cg
ブーメラン —————————— Id
風鈴 ———————————— Mu
笛 ————————————— Mu
武器 ———————————— Sc
武具 ———————————— Id
武士 ———————————— H,Ay
舞台衣装 ——————————— Cg
仏像 ———————————— H,Art

船 ————————————— Sc
ブラジャー —————————— Cg,Sx
プランクトン —————————— A
噴火 ———————————— Ex
噴水— Na（Art,Na もしくは Id,Na
　　とコードすることもあり）

【へ】

ヘアブラシ —————————— Hh
ベース ———————————— Mu
ペガサス ——————————— (A)
ベスト ———————————— Cg
ベル ————————————— Mu
ベルト ———————————— Cg
ヘルメット —————————— Cg
ペン先 ———————————— Hh
ペンダント —————————— Art
ペンチ ———————————— Sc
扁桃腺 ———————————— Hd

【ほ】

帆 ————————————— Id
棒 ————————————— Id
帽子— Cg（装飾された帽子は Art）
包丁 ———————————— Hh
ほお当て ——————————— Ay
ボール ———————————— Id
墨汁 ———————————— Id

| | | | |
|---|---|---|---|
| 鉾 | Id | 漫画の人間 | H,Art |
| ほこり取り（羽毛） | Hh | マント | Cg |
| 星 | Na | マンドリン | Mu |
| ボタン | Hh | マンモス | A,Ay |
| 炎 | Fi | | |
| 洞穴 | Ls | **【み】** | |
| ホラ貝 | Id | ミイラ | Ay |
| ボルト | Sc | みこし | Art |
| ボレロ | Cg | ミサイル | Sc |
| 盆栽 | Bt | 水 | Na |
| ポンポン | Art | 湖 | Na |
| | | 水着 | Cg |
| **【ま】** | | 水たまり | Na |
| マーク | Art | 水鉄砲 | Id |
| 魔王 | (H) | 水飲みをするトリの玩具 | A,Art |
| マグマ | Fi | 水ばしら | Na |
| 魔術師（マジシャン） | H | 道 | Ls |
| 魔女 | (H) | ミッキーマウス | (A) |
| マスク | Id | ミトン | Cg |
| 町並み | Ls | | |
| 松ぼっくり | Bt | **【む】** | |
| 祭 | Id | ムートン | Ad,Hh |
| 窓 | Id | 虫 | A |
| まとい | Ay | ムシバキン（擬人化） | (H) |
| マフラー | Cg | むしろ | Hh |
| 魔法使い | (H) | | |
| 魔法のランプ | Id | **【め】** | |
| まわり灯籠 | Hh | 迷路 | Id |

| | |
|---|---|
| 眼鏡 | Sc |
| 女神 | (H) |
| メトロノーム | Mu |
| メリーゴーラウンド | Id |
| 面 | Ma（〔鬼の面〕などは別記） |
| メンタイコ | Fd |

### 【も】

| | |
|---|---|
| 盲腸 | An |
| 毛髪 | Hd |
| モスク | Ay |
| モスラ | (A),Sc |
| もや | Na |
| 模様 | Art |
| 森 | Ls（樹木を強調すれば Bt） |
| 森と湖 | Na |
| 門 | Id |
| 紋章 | Art |
| 紋章の動物 | A,Art |
| モンスター | (H) |

### 【や】

| | |
|---|---|
| 矢 | Id |
| ヤゴ | A |
| 山 | Ls |
| 山火事 | Fi |
| ヤマタノオロチ | (A),Ay |
| 山と湖 | Na |

| | |
|---|---|
| 槍 | Sc |
| 焼きノリ | Fd |

### 【ゆ】

| | |
|---|---|
| 遊園地 | Id |
| 優勝カップ | Art |
| 夕日 | Na |
| UFO | Sc |
| 夕焼けの風景 | Ls |
| 幽霊 | (H) |
| 雪 | Na |
| 雪男 | (H) |
| 雪だるま | (H),Na |
| 雪の結晶 | Na |
| 指輪 | Art |
| 弓 | Id |
| ゆりかご | Hh |

### 【よ】

| | |
|---|---|
| 妖怪 | (H) |
| 溶岩 | Fi（固形なら Ls） |
| 容器 | Hh |
| 洋酒の瓶 | Hh |
| 妖精 | (H) |
| 洋服 | Cg |
| 洋ラン | Bt |
| 翼竜 | A,Ay |
| 鎧 | Ay |

## 【ら】

| | |
|---|---|
| 雷雨 | Na |
| 落書き | Art |
| ランプ | Hh（装飾を強調すればArt） |

## 【り】

| | |
|---|---|
| リース（花輪） | Bt,Art |
| リボン | Art |
| 竜 | (A) |
| リンゴの皮 | Id |
| リンゴの種 | Bt |

## 【れ】

| | |
|---|---|
| レース | Art |
| 歴史上の人物 | H,Ay |
| レントゲン写真 | Xy |

## 【ろ】

| | |
|---|---|
| ろうそく | Hh（火のついた場合，Fi,Hh） |
| ロケット | Sc |
| ロケットの火（噴射） | Fi |
| ロケット発射台 | Sc |
| 肋骨 | An |
| ロボット | (H),Sc（人間の姿ならH,Sc） |

## 【わ】

| | |
|---|---|
| ワイン | Fd |
| ワカメ | Bt |
| ワサビ | Fd |
| ワシのマーク | A,Art |
| 綿菓子 | Fd |
| 割り箸 | Hh |
| 湾 | Na |

# 主要参考文献

Abel, T. (1973) Psychological Testing in Cultural Contexts. New York: College & University Press Services. 高橋雅春・空井健三・上芝功博・野口正成共訳 (1980) 文化と心理テスト．サイエンス社．

Exner, J. (1986) The Rorschach: A Comprehensive System: Vol.1 Basic Foundations (2nd Edition). New York: Wiley. 高橋雅春・高橋依子・田中富士夫監訳 (1991) 現代ロールシャッハ・テスト体系（上）．金剛出版．

Exner, J. (1995) Rorschach Form Quality Pocket Guide (2nd Edition). North Carolina: Rorschach Workshops. 中村紀子・津川律子・店網永美子・丸山香共訳 (1999) ロールシャッハ形態水準ポケットガイド（第2版）．エクスナージャパン・アソシエイツ．

Exner, J. (2000) A Primer for Rorschach Interpretation. North Carolina: Rorschach Workshops. 中村紀子・野田昌道監訳 (2002) ロールシャッハの解釈．金剛出版．

Exner, J. (2003) The Rorschach: A Comprehensive System: Vol.1 Basic Foundations (4th Edition). New York: Wiley.

Exner, J. & Erdberg, P. (2005) The Rorschach: A Comprehensive System: Vol.2 Advanced Interpretation (3rd Edition). New Jersey: John Wiley.

Klopfer, B., et al. (1954) Developments in the Rorshchach Technique. l. New York: World Book.

Meyer, G. J. Erdberg, P. & Shafer, T. W. (2007) Towrd international normative reference data for the Comprehensive System. Journal of Personality Assessment, Supplement 1, 201-216.

高橋雅春 (1964) ロールシャッハ解釈法．牧書店．

高橋雅春・北村依子 (1981) ロールシャッハ診断法Ⅰ．サイエンス社．

高橋雅春・北村依子 (1981) ロールシャッハ診断法Ⅱ．サイエンス社．

高橋雅春・西尾博行 (1994) 包括的システムによるロールシャッハ・テスト入門．サイエンス社．

高橋雅春・高橋依子・西尾博行 (1998) 包括システムによるロールシャッハ解釈入門．金剛出版．

高橋雅春・高橋依子・西尾博行（2002）ロールシャッハ形態水準表：包括システムのわが国への適用．金剛出版．

高橋雅春・高橋依子・西尾博行（2006）ロールシャッハ実施法．金剛出版．

高橋雅春・高橋依子・西尾博行（2007）ロールシャッハ解釈法．金剛出版．

高橋依子（2003）日米間で共通したロールシャッハ反応内容．甲子園大学紀要（人間文化学部編）NO.7(C), 63-99.

Weiner, I. (2003) Principles of Rorschach Interpretation (2nd Edition). New Jersey：Lawrence Erlbaum.

### 著者略歴

**高橋雅春**（たかはし・まさはる）
1950年　京都大学文学部哲学科心理学専攻卒業
現在　関西大学名誉教授
[**主な著訳書**]
「ロールシャッハ解釈法」1964年，牧書店
「ロールシャッハ診断法Ⅰ・Ⅱ」（共著）1981年，サイエンス社
「現代ロールシャッハ体系（上）」（監訳）　1991年，金剛出版
「包括的システムによるロールシャッハ・テスト入門：基礎編」（共著）1994年，サイエンス社
「包括システムによるロールシャッハ解釈入門」（共著）　1998年，金剛出版
「ロールシャッハ形態水準表—包括システムのわが国への適用」（共著）2002年，金剛出版
「ロールシャッハ・テスト実施法」（共著）2006年，金剛出版
「ロールシャッハ・テスト解釈法」（共著）2007年，金剛出版，他

**高橋依子**（たかはし・よりこ）
1974年　京都大学大学院文学研究科心理学専攻博士課程修了
現在　大阪樟蔭女子大学心理学部教授
[**主な著訳書**]
「ロールシャッハ診断法Ⅰ・Ⅱ」（共著）1981年，サイエンス社
「現代ロールシャッハ体系（上）」（監訳）　1991年，金剛出版
「臨床心理学序説」（共著）　1993年，ナカニシヤ出版
「包括システムによるロールシャッハ解釈入門」（共著）　1998年，金剛出版
「ロールシャッハ形態水準表—包括システムのわが国への適用」（共著）2002年，金剛出版．
「ロールシャッハ・テスト実施法」（共著）2006年，金剛出版
「ロールシャッハ・テスト解釈法」（共著）2007年，金剛出版，他

**西尾博行**（にしお・ひろゆき）
1974年　関西大学社会学部卒業
1992年　関西大学大学院社会学研究科社会心理学専攻臨床心理学専修博士課程修了
現在　文京学院大学人間学部教授
[**主な著訳書**]
「現代ロールシャッハ体系（上）」（共訳）　1991年，金剛出版
「包括的システムによるロールシャッハ・テスト入門：基礎編」（共著）1994年，サイエンス社
「包括システムによるロールシャッハ解釈入門」（共著）　1998年，金剛出版
「ロールシャッハ形態水準表—包括システムのわが国への適用」（共著）2002年，金剛出版
「ロールシャッハ・テスト　ワークブック（第5版）」（監訳）　2003年，金剛出版
「ロールシャッハ・テスト実施法」（共著）2006年，金剛出版
「ロールシャッハ・テスト解釈法」（共著）2007年，金剛出版，他

ロールシャッハ・テスト形態水準表
けいたいすいじゅんひょう

2009年2月20日　発行
2022年9月1日　5刷

著　者　高　橋　雅　春
　　　　高　橋　依　子
　　　　西　尾　博　行

発行者　立　石　正　信

印刷・太平印刷　製本・越後堂製本

発行所　株式会社　金剛出版
〒112-0005　東京都文京区水道1-5-16
電話 03-3815-6661　振替 00120-6-34848

ISBN978-4-7724-1065-6　C3011　　　　©2009, Printed in Japan

## ロールシャッハ・テスト実施法

[著]=高橋雅春 高橋依子 西尾博行

●A5判 ●上製 ●250頁 ●定価 **3,740**円
● ISBN978-4-7724-0910-0 C3011

包括システムによるロールシャッハ・テストの
実施法，コード化（スコアリング），構造一覧表の作成法までを
わかりやすく解説した入門編。

---

## ロールシャッハ・テスト解釈法

[著]=高橋雅春 高橋依子 西尾博行

●A5判 ●上製 ●210頁 ●定価 **3,740**円
● ISBN978-4-7724-0966-7 C3011

本書はわが国の健常成人400人の資料に基づき，
パーソナリティを理解するための，ロールシャッハ・テストの解釈法を
述べたものである。

---

## ロールシャッハ・テストによる
## パーソナリティの理解

[著]=高橋依子

●A5判 ●上製 ●240頁 ●定価 **3,740**円
● ISBN978-4-7724-1105-9 C3011

ロールシャッハ・テストのデータから
対象者のパーソナリティを理解するための手順と報告書のまとめ方を，
具体的事例に即して懇切丁寧に解説。

---

価格は10％税込です。